한중일 공용한자 808字

한중일
공용한자 808자

발행일 | 2020년 8월 15일

공　저 | 權容璿(권용선), 宋孝根(송효근), 鄭光漢(정광한), 王紅(왕홍)

발행인 | 배영순

발행처 | 홍익교육

주　소 | 경기도 광명시 광명로 877. 한진상가 B동 309호

전　화 | 02) 2060–4011

등록번호 | 2010–10호

정가 : 15,000원

www.ihanja.com

ISBN 979–11–88505–15–9 13700

한중일 공용한자 808字

十看不如一讀(십간불여일독)이요,
열 번 눈으로 보기만 하는 것은 한 번 소리 내어 읽는 것만 못하고,

十讀不如一書(십독불여일서)이다.
열 번 소리 내어 읽는 것은 한 번 정성들여 쓰는 것만 못하다.

머리말

preface

한자문화권에 속한 한·중·일 3개국의 대표로 구성된 30인 명인회에서 2013년 7월에 선정한 『한중일 공동 상용한자 800자』는 2013년 10월 중국 인민대학에서 개최한 최종심의위원회의 심의를 거쳐 최종 808자로 확정되었습니다.

심의과정에서 변경된 내용은 최초 선정된 800자 중에서 21자가 빠지고 새로 29자가 추가된 것으로, 총 808자를 선정하여 『한중일 공동상용 팔백한자 총표』로 결정하였습니다.

한·중·일 삼국 공동 상용한자의 표준으로 최종 선정된 808자는 다음의 선정 과정을 거쳤습니다. 먼저 한국은 『한문교육용기초한자표』 중 중학교용 801자와 고등학교용 7자를 더해 최종 선택되었으며, 중국은 『현대한어상용자표』 중 상용자 801자 외에 차상용자 7자를, 일본은 『교육한자표』의 701자와 『상용한자표』의 98자를 더해 최종 선택되었습니다.

본 교재는 최근 『한중일 공동상용 팔백한자 총표』에 선정된 808자를 정자(한국), 간체자(중국), 약자(일본) 영어와 함께 정리하여 편집하고, 특허 등록(발명의 명칭: 도해 한자 학습 교재)된 유래 과정, 유래 그림과 관련 자원풀이, 획순, 따라 쓰기, 한자어, 사자성어, 중국어·일본어·영어 음독 풀이 등을 모두 삽입하여 학습활용에 도움을 주고자 하였습니다.

또한 본서는『국가공인 전국 한자능력검정시험』응시자들을 위해서『한중일 공동상용 팔백한자 총표』에 실린 808자를 한국어문회 기준 각 급수별 한자로 분류하여 급수별 학습의 편의를 도모하였으며, 특히 8~5급까지 빠진 36字(자)를 각급수가 끝난 페이지에 삽입하여 급수시험을 준비하는 분께 도움을 주고자 하였습니다.

본서를 출간한 홍익교육 아이한자는 이미 전국을 대상으로 한자 콘텐츠를 서비스 중이며, 유치원, 어린이집, 각급 학교, 평생교육 전문기관 및 각 지방자치단체 등에 콘텐츠를 제공하고 있습니다.

독자 여러분들의 유익한 성과를 기대하면서, 홍익교육의 한자 관련 도서를 애용하시는 것에 대하여 깊은 감사를 드립니다.

弘益教育 善海 權容璿
권 용 선

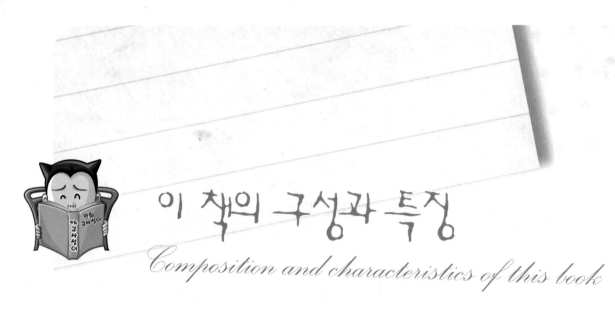

이 책의 구성과 특징

Composition and characteristics of this book

지금까지의 한자 학습은 주입식·암기식의 1차원적 방법으로 이루어져 지루할 뿐만 아니라, 방대한 양으로 인해 어렵고 다루기 힘든 과목으로 여겨왔습니다. 본서는 자연과 사물의 모양에서 만들어진 한자의 생성과정을 그림으로 풀어, 학생들이 한자를 이해하고 친숙해질 수 있도록 창의력과 상상력을 자극하는【도해 연상학습법】을 이용한 새로운 학습 방법을 해설과 함께 제공함으로써 보다 쉽게 한자를 습득할 수 있도록 하였습니다.

● 한중일 공용한자 808자 목록

(학습의 편의를 위해 급수별로 분류)

● 본문

(획순, 활용한자, 중국어, 일본어, 영어,
유래 과정, 유래 그림, 유래 설명 등)

● 찾아보기 목록

(808자를 가나다순, 또는 쪽수별로 찾아보기)

목차
Contents

8급

8級에 해당하는 급수漢字 50字(50字 中)

* 학습의 편의를 위해 급수별로 분류(한국어문회 기준)

8급
1회

정자(획순)	활용 단어	유래 과정·설명

校 ⑩

學校(학교)
校長(교장)
登校(등교)
校訓(교훈)

구부러진 나무【木】를 똑바로 자라도록, 사람이 다리를 꼬고 앉아【交】 잡아당긴 모양으로, 구부러지기 쉬운 사람을 올바르게 이끌어 주는 곳이 **학교**라는 뜻의 글자

韓國	中國	日本	英語
校	校	校	校

학교 교 · xiào[시아오] · こう[코오] · school

쓰기 校 校 校

敎

教育(교육)
教師(교사)
教科書(교과서)
三遷之教(삼천지교)

숫자를 세며【爻】 올바르게 따라 하도록 아이【子】를 회초리로 쳐서【攵】 **가르친다**라는 뜻의 글자

韓國	中國	日本	英語
敎	教	教	敎

가르칠 교 · jiāo[찌아오] · きょう[교오] · teach

쓰기 敎 敎 敎

九 ②

九死一生(구사일생)
九牛一毛(구우일모)

열 십【十】의 오른쪽 가로획을 밑으로 구부려 열보다 조금 낮은 **아홉**을 뜻하는 글자

韓國	中國	日本	英語
九	九	九	九

아홉 구 · jiǔ[지어우] · きゅう[큐우] · nine

쓰기 九 九 九

國 ⑪

國家(국가)
愛國(애국)
國民(국민)
大韓民國(대한민국)

나라의 울타리【口】에서 창【戈】을 들고 백성의 입【口】과 땅【一】을 지키는 모양으로, 그것이 곧 **나라**라는 뜻의 글자

韓國	中國	日本	英語
國	国	国	國

나라 국 · guó[구어] · こく[코쿠] · nation

쓰기 國 國 國

軍 ⑨

國軍(국군)
軍人(군인)
軍歌(군가)
將軍(장군)

전쟁에서 무기를 실은 수레【車전차】를 둘러싸고【冖】 공격하는 군사들의 모양으로, **군사**라는 뜻의 글자

韓國	中國	日本	英語
軍	军	軍	軍

군사 군 · jūn[쥔] · ぐん[군] · army

쓰기 軍 軍 軍

정자(획순)	활용 단어	유래 과정·설명

金

金銀(금은)
黃金(황금)
金氏(김씨)

산속에 묻혀 있는 금·은·쇠붙이의 모양으로, 쇠를 뜻하는 글자
*성(姓)으로 쓸 때는 김으로 읽는다.

韓國	中國	日本	英語
金	金	金	金
쇠 금/성 김	jīn[찐]	きん[킨]	gold

쓰기 金 金 金

南

南北(남북)
江南(강남)
南韓(남한)
東西南北(동서남북)

따뜻한 집 안에서 화초가 잘 자라는 모양으로, 따뜻한 곳은 남녘(남쪽)이라는 뜻의 글자

韓國	中國	日本	英語
南	南	南	南
남녘 남	nán[난]	なん[난]	south

쓰기 南 南 南

年

一年(일년)
學年(학년)
年度(연도)
生年月日(생년월일)

농부가 벼를 베어 머리에 이고 가는 모양으로, 벼는 한 번 수확하는 데 1년이 걸린다는 의미에서 한 해를 뜻하는 글자

韓國	中國	日本	英語
年	年	年	年
해 년(연)	nián[니엔]	ねん[넨]	year

쓰기 年 年 年

大

大小(대소)
大學(대학)
巨大(거대)
大明天地(대명천지)

사람[人]이 팔과 다리[一]를 크게 벌리고 서 있는 모습으로, 옛날 사람들은 하늘·사람·땅이 제일 중요하다고 여겨, 사람의 가치가 크다라는 뜻의 글자

韓國	中國	日本	英語
大	大	大	大
큰 대	dà[따]	だい[다이]	big

쓰기 大 大 大

東

東國(동국)
東洋(동양)
東京(동경)
東西古今(동서고금)

아침에 태양[日]이 나무[木] 중간까지 떠오른 모양으로, 해가 뜨는 쪽이 동쪽이라는 뜻의 글자

韓國	中國	日本	英語
東	东	東	東
동녘 동	dōng[똥]	とう[로오]	east

쓰기 東 東 東

정자(획순)	활용 단어	유래 과정·설명

萬

萬物(만물)
萬歲(만세)
萬事(만사)
千萬多幸(천만다행)

韓國	中國	日本	英語
萬	万	万	萬
일만 만	wàn [완]	まん [만]	ten thousand

전갈의 모양을 본뜬 글자로, 전갈은 무서운 독으로 일만 명의 사람을 죽일 수 있다는 데서 **일만**을 뜻하는 글자

날 함부로 건드리지 않는게 좋을거야. 내 독은 사람 만명도 죽일수 있다구..

쓰기 萬 萬 萬

母

母子(모자)
母女(모녀)
父母(부모)
生母(생모)

韓國	中國	日本	英語
母	母	母	母
어미/어머니 모	mǔ [무]	ぼ [보]	mother

어머니【女】가 아기에게 젖【丶】을 먹이는 모양으로, **어미**라는 뜻의 글자

많이 먹고 건강하게 자라거라.

쓰기 母 母 母

木

木手(목수)
木馬(목마)
植木(식목)
樹木(수목)

韓國	中國	日本	英語
木	木	木	木
나무 목	mù [무]	もく [모쿠]	tree

땅에 뿌리를 내리고 가지가 뻗어 있는 한 그루 나무【木】의 모양으로, 나무를 뜻하는 글자

쓰기 木 木 木

門

大門(대문)
正門(정문)
家門(가문)
門前成市(문전성시)

韓國	中國	日本	英語
門	门	門	門
문 문	mén [먼]	もん [몬]	gate

들어가고 나갈 수 있게 두 개의 문짝이 달려 있는 문【門】의 모양으로, 문을 뜻하는 글자

쓰기 門 門 門

民

民間(민간)
民願(민원)
住民(주민)
白衣民族(백의민족)

韓國	中國	日本	英語
民	民	民	民
백성 민	mín [민]	みん [민]	people

어머니가 낳은 모든 자식들이 나라의 **백성**이라는 뜻의 글자

쓰기 民 民 民

정자(획순)	활용 단어	유래 과정·설명

白色(백색)
黑白(흑백)
白髮(백발)
白頭山(백두산)

온 세상을 밝게 비추는 햇빛【日】이 눈부시게【ヽ】희다라는 뜻에서 나온 글자

韓國	中國	日本	英語
白	白	白	白
흰 백	bái [바이]	はく [하쿠]	white

쓰기 白 白 白

父母(부모)
父女(부녀)
祖父(조부)
父子有親(부자유친)

자식을 올바로 키우기 위해 회초리를 높이 들고 있는 아버지의 모습으로,
아비라는 뜻의 글자

韓國	中國	日本	英語
父	父	父	父
아비/아버지 부	fù [푸]	ふ [후]	father

쓰기 父 父 父

北韓(북한)
北方(북방)
敗北(패배) *달아날 배
北斗七星(북두칠성)

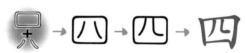

두 사람이 싸워, 서로 등을 돌리고 서 있는 모양으로, 원래 사람은 얼굴을 따뜻한 남쪽에 두고 등을
북쪽에 두는데, 싸워서 등을 돌리면 북쪽을 바라보게 된다는 의미로, 북녘(북쪽)을 뜻하는 글자

韓國	中國	日本	英語
北	北	北	北
북녘 북	běi [베이]	ほく [호쿠]	north

쓰기 北 北 北

四季(사계)
四足(사족)
四方八方(사방팔방)

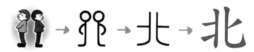

에울 위【口】와 나눌 팔【八】이 합쳐진 글자로, 동네나 나라의 국경 같은
큰 울타리를 사방(동서남북) 4군데로 나눈다는 의미로, 넷이라는 뜻의 글자

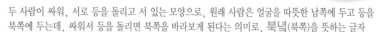

韓國	中國	日本	英語
四	四	四	四
넉/넷 사	sì [쓰]	し [시]	four

쓰기 四 四 四

山林(산림)
江山(강산)
山寺(산사)
山川草木(산천초목)

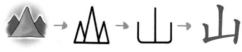

산【山】의 모양을 보고 만든 글자로, 메를 뜻하는 글자
*메: 산의 옛날 이름 *뫼: 무덤

韓國	中國	日本	英語
山	山	山	山
메/산 산	shān [샨]	さん [산]	mountain

쓰기 山 山 山

8급 5회

정자(획순)	활용 단어	유래 과정 · 설명

三

三冬(삼동)
三韓(삼한)
三寸(삼촌)
三生萬物(삼생만물)

숫자 3를 나타내기 위해 나무막대 셋을 나란히 놓아둔 모양으로,
셋을 뜻하는 글자

韓國	中國	日本	英語
三	三	三	三

석/셋 삼 | sān [싼] | さん [산] | three

쓰기 三 三 三

生

生日(생일)
生産(생산)
先生(선생)
出生(출생)

아무것도 없던 땅【土】위로 풀과 나무들의 싹이 생겨 나오는【生】것을 나타내,
나다라는 뜻의 글자

韓國	中國	日本	英語
生	生	生	生

날 생 | shēng [셩] | しょう [쇼오] | live

쓰기 生 生 生

西

西海(서해)
西洋(서양)
西山(서산)
東問西答(동문서답)

해가 지는 저녁에 새가 둥지로 돌아와서 쉬는 모양으로,
해가 지는 쪽이 서쪽이라는 뜻의 글자

韓國	中國	日本	英語
西	西	西	西

서녘 서 | xī [시] | さい [사이] | west

쓰기 西 西 西

先

先生(선생)
先祖(선조)
先親(선친)
先見之明(선견지명)

사람【儿】이 걸어가는 모습과 발을 나타내는 모양으로, 남보다 앞서 나아가는
것을 말해 우선 · 먼저라는 뜻의 글자

韓國	中國	日本	英語
先	先	先	先

먼저/앞 선 | xiān [시엔] | せん [셴] | first

쓰기 先 先 先

小

小計(소계)
小說(소설)
小兒(소아)
大同小異(대동소이)

큰 사과나무에서 떨어진 작은 사과들의 모양으로, 작다라는 뜻의 글자

韓國	中國	日本	英語
小	小	小	小

작을 소 | xiǎo [시아오] | しょう [쇼오] | small

쓰기 小 小 小

정자(획순)	활용 단어	유래 과정 · 설명

水

水道(수도)
水門(수문)
水準(수준)
靑山流水(청산유수)

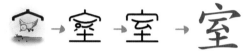

꾸불꾸불 흘러가는 강물의 모양으로, 물이라는 뜻의 글자

韓國	中國	日本	英語
水	水	水	水
물 수	shuǐ[슈에이]	すい[스이]	water

쓰기 水

室

敎室(교실)
居室(거실)
病室(병실)
圖書室(도서실)

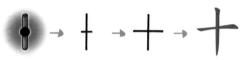

사람이 밖에서 돌아와 쉬면서 머무르는【至 이르는】곳이 집【宀】· 방이란 의미로, 집이라는 뜻의 글자

韓國	中國	日本	英語
室	室	室	室
집 실	shì [스]	しつ[시쯔]	room

쓰기 室

十

十代(십대)
十里(십리)
十年(십년)
十中八九(십중팔구)

가로 막대(一 · 二 · 三)는 하나 · 둘 · 셋을 나타내고, 세로 막대(丨)에 점을 찍어 열(10)을 나타내던 옛날 십진법의 표시로, 열을 뜻하는 글자

韓國	中國	日本	英語
十	十	十	十
열 십	shí [스]	じゅう[쥬우]	ten

쓰기 十

女

女子(여자)
女性(여성)
母女(모녀)
美女(미녀)

세운 무릎 위에 두 손을 가지런히 올리고 얌전히 앉아 있는 여인의 모습으로, 계집(여자)이라는 뜻의 글자

韓國	中國	日本	英語
女	女	女	女
계집 녀(여)	nǔ [뉘]	じょ [죠]	woman

쓰기 女

五

五月(오월)
五福(오복)
五感(오감)
五十步百步
(오십보백보)

一, 二, 三처럼 표시하기에는 다섯이 복잡하여 나무막대를 아래위로 놓고 가위표(X)로 다섯을 나타낸 것으로, 다섯을 뜻하는 글자

韓國	中國	日本	英語
五	五	五	五
다섯 오	wǔ [우]	ご [고]	five

쓰기 五

8급 7회	정자(획순)	활용 단어	유래 과정 · 설명

王
①②③④

王家(왕가)
王孫(왕손)
王妃(왕비)
世宗大王(세종대왕)

옛날에 힘이 제일 센 사람이 가장 큰 도끼를 가지고 있었는데, 제일 큰 도끼는 모든 것을 다스리는 왕·임금을 뜻하는 글자

韓國	中國	日本	英語	쓰기
王	王	王	王	王　王　王
임금 왕	wáng [왕]	おう [오오]	king	

外
①②③④⑤

外出(외출)
外國(외국)
外家(외가)
內外(내외)

저녁【夕】 그리고 점치다【卜】를 합친 모양으로, 옛날 사람들은 점을 아침에 쳐 보는데, 저녁에 점을 치는 것은 올바르지 않아 벗어나다. 바깥이라는 뜻의 글자

韓國	中國	日本	英語	쓰기
外	外	外	外	外　外　外
바깥 외	wài [와이]	がい [가이]	outside	

月
①②③④

月間(월간)
前月(전월)
正月(정월)
明月(명월)

밤하늘에 떠 있는 달【月】을 보고 만든 모양으로, 달은 한 달에 한 번씩 모양이 달라져서 한 달이라는 뜻의 글자

韓國	中國	日本	英語	쓰기
月	月	月	月	月　月　月
달 월	yuè [위에]	がつ [게쯔]	month	

六
①②③④

六學年(육학년)
五六月(오뉴월)
六旬(육순)

양 손의 손가락을 세 개씩 펴서 여섯을 나타내고 있는 모양으로, 여섯을 뜻하는 글자

韓國	中國	日本	英語	쓰기
六	六	六	六	六　六　六
여섯 륙(육)	liù [리어우]	ろく [로쿠]	six	

二
①②

二重(이중)
二次(이차)
一口二言(일구이언)

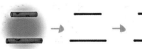

숫자 2를 나타내기 위해 나무막대 두 개를 나란히 놓아둔 모양으로, 둘을 뜻하는 글자

韓國	中國	日本	英語	쓰기
二	二	二	二	二　二
두/둘 이	èr [얼]	に [니]	two	

정자(획순)	활용 단어	유래 과정·설명		8급 8회

| 人② | 人間(인간)
人生(인생)
人口(인구)
本人(본인) |  → 
걸어가는 사람【人】의 모양으로, **사람**을 뜻하는 글자 | |  |

韓國	中國	日本	英語	쓰기	人
人	人	人	人		
사람 인	rén [런]	じん [진]	person		

| 一① | 一生(일생)
同一(동일)
一品(일품)
三位一體(삼위일체) | 
숫자 1을 표시하기 위해 나무막대 한 개를 놓아둔 모양으로,
하나라는 뜻의 글자 | |

韓國	中國	日本	英語	쓰기	一
一	一	一	一		
한/하나 일	yī [이]	いち [이찌]	one		

| 日 | 日月(일월)
日記(일기)
日出(일출)
年月日時(연월일시) | → ☉ → ⊟ → 日
해【日】를 보고 만든 모양으로, 해가 떠서 지고
다시 내일 뜨는 것을 기준으로, 하루·**날**이라는 의미로 만든 글자 | |  |

韓國	中國	日本	英語	쓰기	日
日	日	日	日		
날 일	rì [르]	にち [니찌]	day		

| 長 | 長短(장단)
長男(장남)
校長(교장)
成長(성장) | → 
수염과 머리카락이 긴 노인이 지팡이를 짚고 가는 모양으로,
길다라는 뜻의 글자 | |  |

韓國	中國	日本	英語	쓰기	長
長	长	長	長		
긴/어른 장	cháng [창]	ちょう [쵸오]	long		

| 弟 | 兄弟(형제)
弟子(제자)
妻弟(처제)
師弟(사제) | → ⅄ → 弟 → 弟
나뭇가지에 가죽끈을 차례대로 묶어 아래로 내린 모양으로,
형제 중 아래쪽이 **아우(동생)**라는 뜻의 글자 | |  |

韓國	中國	日本	英語	쓰기	弟
弟	弟	弟	弟		
아우/동생 제	dì [띠]	てい [데이]	younger brother		

정자(획순)	활용 단어	유래 과정·설명

中

中間(중간)
中心(중심)
中部(중부)
中學校(중학교)

韓國	中國	日本	英語
中	中	中	中
가운데 중	zhōng [쫑]	ちゅう [츄우]	middle

사람을 모이게 하려고, 가운데 깃발을 꽂아 놓은 모양으로, **가운데**라는 뜻의 글자

쓰기 中

靑

靑年(청년)
靑春(청춘)
靑少年(청소년)
靑寫眞(청사진)

韓國	中國	日本	英語
靑	靑	靑	靑
푸를 청	qīng [칭]	せい [세이]	blue

【丹】과 【生】이 합쳐진 글자로, 화단에 푸른 식물과 그 싹이 자라는 모양에서 **푸르다**라는 뜻의 글자

쓰기 靑

寸

三寸(삼촌)
寸數(촌수)
寸志(촌지)
寸評(촌평)

韓國	中國	日本	英語
寸	寸	寸	寸
마디 촌	cùn [춘]	すん [슨]	inch

손목에서 맥박이 뛰는 곳까지의 길이가 한 치(약 3㎝)라는 의미로, 조금·**마디**라는 뜻의 글자

쓰기 寸

七

七夕(칠석)
七旬(칠순)
七言絕句(칠언절구)

韓國	中國	日本	英語
七	七	七	七
일곱 칠	qī [치]	しち [시찌]	seven

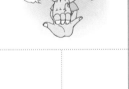

다섯 손가락에 두 손가락을 더해 일곱을 나타낸 모양으로, **일곱**을 뜻하는 글자

쓰기 七

土

土地(토지)
土建(토건)
本土(본토)
國土(국토)

韓國	中國	日本	英語
土	土	土	土
흙 토	tǔ [투]	ど [도]	soil

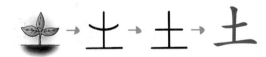

땅【一】에서 새싹【屮】을 돋게 하는 땅·**흙**을 뜻하는 글자

쓰기 土

정자(획순)	활용 단어	유래 과정 · 설명

八

八月(팔월)
十中八九(십중팔구)
八道江山(팔도강산)

여덟을 표시하기 위해 두 손의 네 손가락을 펴서 벌린 모양으로,
여덟을 뜻하는 글자

韓國	中國	日本	英語	쓰기
八	八	八	八	八
여덟 팔	bā [빠]	はち [하찌]	eight	

學

學校(학교)
學生(학생)
放學(방학)
開學(개학)

어린이【子】가 책【爻】을 읽으며 열심히 배우는 모양으로,
배우다라는 뜻의 글자

韓國	中國	日本	英語	쓰기
學	学	学	學	學
배울 학	xué [쉬에]	がく [가쿠]	learn	

韓

南韓(남한)
北韓(북한)
韓食(한식)
大韓民國(대한민국)

아침 해가 돋아【卓】온 나라(온누리)를 에워싸고【韋】비추는 조용한 아침의 나라를
나타내어, 그 나라가 **한국**이라는 뜻의 글자

韓國	中國	日本	英語	쓰기
韓	韩	韓	韓	韓
한국/나라 한	hán [한]	かん [칸]	korea	

兄

兄弟(형제)
兄夫(형부)
老兄(노형)
兄弟姉妹(형제자매)

조상의 제사를 드릴 때, 앞에서 입【口】을 크게 벌려 제문을 읽는 사람【儿=人】이
맏형이라는 의미로, **맏이**라는 뜻의 글자

韓國	中國	日本	英語	쓰기
兄	兄	兄	兄	兄
형/맏 형	xiōng [시옹]	けい [케이]	elder brother	

火

水火(수화)
防火(방화)
火藥(화약)
消火器(소화기)

활활 타오르는 불【火】의 모양으로, **불**이라는 뜻의 글자

韓國	中國	日本	英語	쓰기
火	火	火	火	火
불 화	huǒ [후어]	か [카]	fire	

MEMO

7급

정자(획순)	활용 단어	유래 과정·설명

7급 1회

家

家庭(가정)
家族(가족)
宗家(종가)
作家(작가)

돼지【豕】우리 속에서 어미 돼지와 많은 새끼 돼지들이 살고 있는 모양이 사람이
모여 사는 집【宀】과 같다는 의미로, 집이라는 뜻의 글자

韓國	中國	日本	英語	쓰기	家 家 家
家	家	家	家		
집 가	jiā [지아]	か [카]	house		

歌

歌手(가수)
校歌(교가)
歌曲(가곡)
四面楚歌(사면초가)

여러 사람이 입을 크게 벌리고【欠】 틀리지 않고 옳게 소리【哥】를 내는 것은
노래라는 의미로, 노래라는 뜻의 글자

韓國	中國	日本	英語	쓰기	歌 歌 歌
歌	歌	歌	歌		
노래 가	gē [끄어]	か [카]	song		

間

中間(중간)
時間(시간)
間食(간식)
夜間(야간)

문 문【門】과 날 일【日】이 합쳐진 글자로, 문틈 사이로 햇빛이 들어온다는 의미로,
사이를 뜻하는 글자

韓國	中國	日本	英語	쓰기	間 間 間
間	间	間	間		
사이 간	jiān [지엔]	かん [칸]	between		

江

漢江(한강)
江村(강촌)
錦江(금강)
八道江山(팔도강산)

물 수【氵】와 장인 공【工】이 합쳐진 글자로, 일을 하고 난 뒤 도구를 흐르는 강물에
씻는다는 의미로, 강을 뜻하는 글자

韓國	中國	日本	英語	쓰기	江 江 江
江	江	江	江		
강 강	jiāng [지앙]	こう [코오]	river		

工

工場(공장)
工具(공구)
木工(목공)
石工(석공)

나무를 깎거나 집을 지을 때 사용하던 도구를 나타내어,
물건을 만드는 사람인 장인을 뜻하는 글자

韓國	中國	日本	英語	쓰기	工 工 工
工	工	工	工		
장인/기능 공	gōng [꿍]	こう [코오]	artisan		

정자(획순)	활용 단어	유래 과정·설명

空(8)

空間(공간)
空氣(공기)
虛空(허공)
領空(영공)

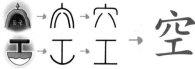

도구【工】로 구멍【穴】을 파내면 그 속은 하늘과 같이 텅 비어 있다는 의미로, **비다**라는 뜻의 글자

韓國	中國	日本	英語
空	空	空	空
빌 공	kōng [콩]	くう [쿠우]	empty

쓰기 空 空 空

口(3)

食口(식구)
入口(입구)
人口(인구)
耳目口鼻(이목구비)

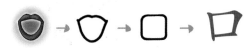

크게 벌린 사람의 입【口】 모양으로, **입**을 뜻하는 글자
*다른 뜻: '출입'이란 뜻도 있음

韓國	中國	日本	英語
口	口	口	口
입 구	kǒu [커우]	こう [코오]	mouth

쓰기 口 口 口

氣

氣運(기운)
氣流(기류)
感氣(감기)
景氣(경기)

쌀【米】로 밥을 지을 때 피어오르는 증기【气 김】의 기운을 의미하여, **기운**이라는 뜻의 글자

韓國	中國	日本	英語
氣	气	気	氣
기운/기세 기	qì [치]	き [키]	air

쓰기 氣 氣 氣

記

記錄(기록)
記入(기입)
日記(일기)
記念(기념)

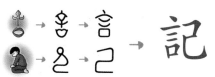

다른 사람이 말【言】하는 것을 몸을 구부려【己】 글로 적는 모습을 나타내어, **적다**라는 뜻의 글자

韓國	中國	日本	英語
記	记	記	記
기록할/적을 기	jì [찌]	き [키]	record

쓰기 記 記 記

男(7)

男子(남자)
男妹(남매)
美男(미남)
男女老少(남녀노소)

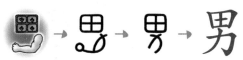

양식을 주는 밭【田】을 갈아 가족을 부양할 수 있는 힘【力】을 가지고 있는 사람이 **남자**라는 뜻의 글자

韓國	中國	日本	英語
男	男	男	男
사내 남	nán [난]	だん [단]	man

쓰기 男 男 男

정자(획순)	활용 단어	유래 과정 · 설명

7급
3회

內

內外(내외)
內部(내부)
市內(시내)
邑內(읍내)
內憂外患(내우외환)

韓國	中國	日本	英語
內	內	內	內
안 내	nèi [네이]	ない [나이]	inside

집의 문 안【冂 문의 모양】으로 들어가는【入】 것을 나타내어,
안이라는 뜻의 글자

쓰기 內 內 內

農

農事(농사)
農夫(농부)
農場(농장)
農村(농촌)

韓國	中國	日本	英語
農	农	農	農
농사 농	nóng [농]	のう [노오]	agriculture

조개가 움직이는 삼월이면 농사철을 알리는 전갈자리 별이 나타나는데, 이때는 별【辰月=만물이 꿈틀대는 3월】이 보이는 이른 새벽부터 큰 밭【田】에 나가 농사를 짓는다는 의미로, **농사**를 뜻하는 글자

쓰기 農 農 農

答

對答(대답)
問答(문답)
回答(회답)
答案紙(답안지)

韓國	中國	日本	英語
答	答	答	答
대답 답	dá [다]	とう [토오]	answer

대 죽【竹】과 합할 합【合】을 합친 글자로, 옛날 사람들의 편지인 대나무 죽간에 써서 보내온 글의 내용에 대해 합당한(합한) 대답을 한다는 의미로, **대답하다**라는 뜻의 글자

쓰기 答 答 答

道

道路(도로)
國道(국도)
車道(차도)
道理(도리)

韓國	中國	日本	英語
道	道	道	道
길 도	dào [따오]	どう [도오]	road

사람【머리 首로 표시】이 발을 움직이는 곳【辶】은 '걸어 다닐 수 있는 길'이란 의미에서 나와, **길**을 뜻하는 글자

쓰기 道 道 道

冬

冬季(동계)
冬服(동복)
冬至(동지)
立冬(입동)

韓國	中國	日本	英語
冬	冬	冬	冬
겨울 동	dōng [똥]	とう [토오]	winter

사계절 중 가장 뒤쳐져【夂 '뒤져 올 치'는 終의 原字】오며, 얼음【冫】이 어는 계절은 **겨울**이라는 뜻의 글자

쓰기 冬 冬 冬

정자(획순)	활용 단어	유래 과정·설명

7급 4회

同

活用단어:
- 同感(동감)
- 合同(합동)
- 同居(동거)
- 同苦同樂(동고동락)

韓國	中國	日本	英語
同	同	同	同
한가지/같을 동	tóng[통]	どう[도오]	same

同 → 同 → 同 → 同

집 안【冂】 회의에서 여러 사람의 의견【口】이 일치【一】하는 것으로 **같다**라는 뜻의 글자

쓰기 同

動

活用단어:
- 動力(동력)
- 動物(동물)
- 移動(이동)
- 變動(변동)

韓國	中國	日本	英語
動	动	動	動
움직일 동	dòng[똥]	どう[도오]	move

무거운【重】 것을 힘【力】을 써서 **움직인다**라는 뜻의 글자

쓰기 動

登

活用단어:
- 登校(등교)
- 登山(등산)
- 登記(등기)
- 登載(등재)

韓國	中國	日本	英語
登	登	登	登
오를 등	dēng[떵]	どう[도오]	climb

受 → 登 → 登 → 登

받침대 위에【豆】 양 발【癶】이 올라가 있는 모양으로, 높은 곳에 물건을 올려놓기 위해서는 발을 받침대 위에 올려야 한다는 의미로, **오르다**라는 뜻의 글자

쓰기 登

來

活用단어:
- 來日(내일)
- 來年(내년)
- 去來(거래)
- 將來(장래)

韓國	中國	日本	英語
來	来	来	來
올 래(내)	lái[라이]	らい[라이]	come

→ 来 → 來 → 來

옛날 벼농사가 흉년이 되어 사람들이 굶어 죽어갈 때 하늘에서 온 신선이 보리【麥】를 가지고 와서 모두 구해줬다는 의미로, **오다**라는 뜻의 글자

쓰기 來

力

活用단어:
- 力道(역도)
- 努力(노력)
- 强力(강력)
- 全力(전력)

韓國	中國	日本	英語
力	力	力	力
힘 력(역)	li[리]	りき[리키]	strength

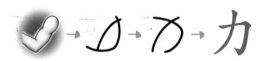

힘을 쓸 때 나오는 사람 팔의 알통 부분을 나타내어, **힘**을 뜻하는 글자

쓰기 力

정자(획순)	활용 단어	유래 과정·설명

7급 5회

老⑥	老人(노인) 老松(노송) 長老(장로) 敬老(경로)	

늙을 로(老)와 비수 비(匕)가 합쳐진 글자로, 허리가 꼬부랑한 늙은 할아버지가 지팡이를 짚고 가는 모양으로, **늙다**라는 뜻의 글자

韓國	中國	日本	英語	쓰기	
老	老	老	老		老 老 老
늙을 로(노)	lǎo [라오]	ろう [로오]	aged		

里⑦	洞里(동리) 十里(십리) 五里霧中(오리무중) 萬里長城(만리장성)	

사람에게 양식(곡식)을 주는 밭(田)이 많은 땅(土)에는 사람들이 모여들어 마을을 이룬다는 의미로, **마을**이라는 뜻의 글자

韓國	中國	日本	英語	쓰기	
里	里	里	里		里 里 里
마을 리(이)	lǐ [리]	り [리]	village		

林⑧	林業(임업) 樹林(수림) 密林(밀림) 造林(조림)	

나무(木)들이 모여 숲을 이루고 있다는 데서 **수풀**이라는 뜻의 글자

韓國	中國	日本	英語	쓰기	
林	林	林	林		林 林 林
수풀 림(임)	lín [린]	りん [린]	forest		

立⑤	立春(입춘) 立會(입회) 建立(건립) 對立(대립)	

땅 위에 사람이 두 팔과 두 다리(立)를 벌리고 우뚝 서 있는 모습으로, **서다**라는 뜻의 글자

韓國	中國	日本	英語	쓰기	
立	立	立	立		立 立 立
설 립(입)	lì [리]	りつ [리쯔]	stand		

每⑦	每日(매일) 每番(매번) 每事(매사) 每週(매주)	

풀(艸)은 어머니(母)인 땅에서 싹이 늘(항상) 잇달아 나온다는 의미로, **늘·매양**이라는 뜻의 글자

韓國	中國	日本	英語	쓰기	
每	每	每	每		每 每 每
매양/늘 매	měi [메이]	まい [마이]	always		

정자(획순)	활용 단어	유래 과정·설명

面

面會(면회)
面長(면장)
表面(표면)
平面(평면)

 → 面 → 面 → 面

사람의 얼굴 앞면을 코와 수염 난 입을 중심으로 나타내어, **얼굴**이라는 뜻의 글자

韓國	中國	日本	英語
面	面	面	面
낯/얼굴/겉 면	miàn [미엔]	めん [멘]	face

쓰기: 面 面 面

名

姓名(성명)
地名(지명)
名品(명품)
同名異人(동명이인)

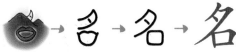

달이 뜬 저녁【夕】에는 깜깜하여 보이지 않으므로 입【口】으로 이름을 말해야 누구인지 알 수 있다는 의미로, **이름**이라는 뜻의 글자

아무것도 안보여!
악동아! 어딨어?
내일에 찬호맞아?

韓國	中國	日本	英語
名	名	名	名
이름 명	míng [밍]	めい [메이]	name

쓰기: 名 名 名

命

命令(명령)
生命(생명)
使命(사명)
運命(운명)

 → 命 → 命 → 命

거역할 수 없는 하늘【스】의 명령【叩】에 의해 사람의 운명과 목숨이 정해진다는 의미로, **목숨**이라는 뜻의 글자 *다른 뜻: 하늘의 지붕과 저승사자의 칼과 입을 나타냄

안됐지만 당신의 목숨은 1년밖에 남지 않았어요. 천명 입니다.
밥도가 얼겠군요. 그게 신의 뜻이라면 어쩔수 없죠...

韓國	中國	日本	英語
命	命	命	命
목숨 명	mìng [밍]	めい [메이]	life

쓰기: 命 命 命

文

文字(문자)
文化(문화)
文學(문학)
論文(논문)

 → 文 → 文 → 文

옛날 옷이 없을 무렵, 사람들이 옷 대신 가슴과 팔 등에 그림과 글씨로 문신을 새긴 모양으로, **무늬·글자**(글월)라는 뜻의 글자

韓國	中國	日本	英語
文	文	文	文
글월/글 문	wén [원]	ぶん [분]	sentence

쓰기: 文 文 文

問

問答(문답)
訪問(방문)
問題(문제)
不問可知(불문가지)

門 → 門 → 門 → 問
口 → 口 → 口

문 문【門】과 입 구【口】가 합쳐진 글자로, 스승의 집 문 앞에서 모르는 것을 입으로 물어본다는 의미로, **묻다**라는 뜻의 글자

스승님! 3+4 좀 알려 주세요

韓國	中國	日本	英語
問	问	問	問
물을 문	wèn [원]	もん [몬]	ask

쓰기: 問 問 問

정자(획순)	활용 단어	유래 과정·설명

物

物件(물건)
物品(물품)
建物(건물)
生物(생물)

농사를 도와주는 소【牛】는 옛날 가장 중요하고 대표적인 **물건**이라는 뜻의 글자

우리집 보물 1호 랍니다.

韓國	中國	日本	英語
物	物	物	物
물건/만물 물	wù [우]	ぶつ [부쯔]	matter

쓰기: 物 物 物

方

四方(사방)
地方(지방)
方法(방법)
方針(방침)

물가에 매어 있는 배 두 척의 사방 모서리【方모】를 나타내어, **모**라는 뜻의 글자
*다른 뜻: 출렁이는 물 위에서 사방으로 움직이는 데서 **사방**이라는 뜻도 있음

모서리가 왜 이렇게 뾰족하지?

韓國	中國	日本	英語
方	方	方	方
모/네모 방	fāng [팡]	ほう [호오]	square

쓰기: 方 方 方

百

百姓(백성)
百萬(백만)
百方(백방)
百科事典(백과사전)

흰 엄지손가락 위에 막대기【一】를 올리고, 떨어지지 않게 중심을 잡아 숫자를
일백까지 세는【百】 옛날 놀이에서 나온 것으로, **일백**이라는 뜻의 글자

하나..둘 ...셋 ...열... 스물... 아흔.. 백!!

韓國	中國	日本	英語
百	百	百	百
일백 백	bǎi [바이]	ひゃく [햐쿠]	hundred

쓰기: 百 百 百

夫

人夫(인부)
漁夫(어부)
農夫(농부)
夫婦有別(부부유별)

장가를 들어 상투를 틀어 갓【一】을 쓰고 있는 어른【大】의 모양으로,
지아비라는 뜻의 글자
*지아비: 남편을 낮추어 부르는 말

장가를 가야만 상투를 틀고 갓을 쓸수 있었답니다.

韓國	中國	日本	英語
夫	夫	夫	夫
지아비/사내 부	fū [푸]	ふ [후]	husband

쓰기: 夫 夫 夫

不

不可(불가)
不能(불능)
不便(불편)
不幸(불행)
不足(부족)

하늘 끝까지 날아가는 새는 돌아오지 않는다는 의미로,
아니다라는 뜻의 글자

글쎄 저집 남편이 하늘끝까지 갔다 온다고 나가선 돌아오지 않았대요. 저런 저런...

韓國	中國	日本	英語
不	不	不	不
아니 불/부	bù [뿌]	ふ [후]	not

쓰기: 不 不 不

정자(획순)	활용 단어	유래 과정 · 설명

7급 8회

事

事件(사건)
事業(사업)
工事(공사)
行事(행사)

전쟁에 나아갈 때 임금께 충성한다는 깃발을 높게 들어【事】전쟁의 명분으로
내세운 데서, 어떤 일이든 그 목적과 해야 하는 명분이 있어야 한다는 의미로, 일이라는 뜻의 글자

韓國	中國	日本	英語
事	事	事	事
일 사	shì [스]	じ [지]	business

쓰기 事 事 事

算

計算(계산)
算出(산출)
檢算(검산)
暗算(암산)

옛날, 화폐(돈)인 조개【貝】를 주고받는【廾】계산을 할 때
작은 대나무【竹】조각으로 그 수를 헤아려 셈을 한 데서, 셈하다라는 뜻의 글자

韓國	中國	日本	英語
算	算	算	算
셈 산	suàn [쑤안]	さん [산]	count

쓰기 算 算 算

上

上下(상하)
上級(상급)
年上(연상)
面上(면상)

땅 위【一】에 어떤 사물【丶가 ㅏ이 됨】이 있다는 것을 나타낸 모양으로,
위를 뜻하는 글자

韓國	中國	日本	英語
上	上	上	上
윗 상	shàng [샹]	じょう[쬬오]	above

쓰기 上 上

色

色感(색감)
色紙(색지)
染色(염색)
特色(특색)

사람【人】이 뱀【巴】처럼 몸을 서로 부둥켜안고 좋아하는 모양으로,
사랑을 할 때 얼굴과 몸의 색깔이 윤이 나서 빛을 낸다는 의미로, 빛이라는 뜻의 글자

韓國	中國	日本	英語
色	色	色	色
빛 색	sè [쓰어]	しょく [쇼쿠]	colour

쓰기 色 色 色

夕

夕陽(석양)
秋夕(추석)
夕刊(석간)
朝變夕改(조변석개)

어두운 저녁【夕】무렵, 산 뒤로 보이는 달의 모양으로,
저녁이라는 뜻의 글자

韓國	中國	日本	英語
夕	夕	夕	夕
저녁 석	xī [시]	せき [세키]	evening

쓰기 夕 夕 夕

정자(획순)	활용 단어	유래 과정・설명

7급 9회

姓 ⑧

姓名(성명)
姓氏(성씨)
同姓同本(동성동본)

계집 녀【女】와 날 생【生】이 합쳐진 글자로, 여자가 아이를 낳으면 다른 사람과 구별하기 위해 그 아이에게 조상의 성을 붙여준다는 의미로, 성이라는 뜻의 글자

韓國	中國	日本	英語
姓	姓	姓	姓
성 성	xìng [씽]	せい [세이]	surname

쓰기 姓 姓 姓

世 ⑤

世上(세상)
世界(세계)
出世(출세)
別世(별세)

열 십【十】 2개에 다시 십을 더해 30을 나타낸 모양. 아버지 세대에서 아들 세대로의 한 세대 기간이 30년이라는 의미로, 세대・대라는 뜻의 글자

韓國	中國	日本	英語
世	世	世	世
세상/인간 세	shì [스]	せい [세이]	world

쓰기 世 世 世

少 ④

多少(다소)
少年(소년)
減少(감소)
老少同樂(노소동락)

큰 사과나무에서 떨어져 나온 작은 사과【小】들을 또 칼로 쪼개어【ノ】내면 더 적어진다라는 뜻의 글자

韓國	中國	日本	英語
少	少	少	少
적을 소	shǎo [샤오]	しょう[쇼오]	young

쓰기 少 少 少

所 ⑧

場所(장소)
便所(변소) *똥오줌 변
所感(소감)
所聞(소문)

창고【戶】는 도끼【斤】와 같은 중요한 것을 넣어 두어야 하는 바라는 의미로, 바라는 뜻의 글자 *바:「~것」이라는 의미 예) 느낀 바를 말하시오.

韓國	中國	日本	英語
所	所	所	所
바/곳 소	suǒ [수어]	しょ [쇼]	place

쓰기 所 所 所

手 ④

手足(수족)
手段(수단)
歌手(가수)
投手(투수)

손【手】의 모양을 나타내어 손이라는 뜻의 글자

韓國	中國	日本	英語
手	手	手	手
손 수	shǒu [셔우]	しゅ [슈]	hand

쓰기 手 手 手

정자(획순)	활용 단어	유래 과정·설명

數

數學(수학)
級數(급수)
等數(등수)
數理(수리)

韓國	中國	日本	英語
數	数	数	數
셈/셀 수	shǔ [슈]	すう [스으]	number

옛날, 화폐(돈)로 사용한 조개【貝】를 여자【女】가 막대기로
하나둘 치면서【攵】 세는 모습을 의미하여, 숫자를 **세다**라는 뜻의 글자

쓰기 數

市

市場(시장)
市民(시민)
都市(도시)
市勢(시세)

韓國	中國	日本	英語
市	市	市	市
저자/시장 시	shì [스]	し [시]	market

 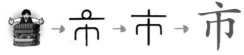

옷감이나 베【巾】를 사람의 머리 부분【亠】까지 높게 쌓아두고
사고파는 곳이 **시장**이라는 뜻의 글자

쓰기 市

時

時間(시간)
時計(시계)
時代(시대)
暫時(잠시)

韓國	中國	日本	英語
時	时	時	時
때/철 시	shí [스]	じ [지]	season

날 일【日】과 절 사【寺】가 합쳐진 글자로, 옛날에는 관청이나 절【寺】에서
날【日】마다 종을 쳐서 하루의 **시간·때**를 알려 주었다는 뜻의 글자

쓰기 時

食

飮食(음식)
食口(식구)
食堂(식당)
間食(간식)

韓國	中國	日本	英語
食	食	食	食
밥/먹을 식	shí [스]	しょく [쇼쿠]	food

뚜껑【스】이 있는 밥그릇에 오곡밥【皀】이 가득 담겨 있는 모양으로,
밥을 뜻하는 글자

쓰기 食

植

植木(식목)
植物(식물)
植樹(식수)
移植(이식)

韓國	中國	日本	英語
植	植	植	植
심을 식	zhí [즈]	しょく [쇼쿠]	plant

나무【木】를 곧게【直】 세우는 것은 식물(나무)을 심는다는 의미로, **심다**라는 뜻의 글자

쓰기 植

정자(획순)	활용 단어	유래 과정·설명

7급 11회

心

安心(안심)
眞心(진심)
孝心(효심)
苦心(고심)

韓國	中國	日本	英語
心	心	心	心
마음 심	xīn [신]	しん [신]	mind

사람의 심장 안에 따뜻한 마음이 있다는 것으로, **마음**을 뜻하는 글자

쓰기 心 心 心

安

安全(안전)
便安(편안)
治安(치안)
安寧(안녕)

韓國	中國	日本	英語
安	安	安	安
편안 안	ān [안]	あん [안]	peaceful

집【宀】안 일을 여자【女】가 잘 해내어 집안이 안정되고 편안하다는 의미로, **편안하다**라는 뜻의 글자

쓰기 安 安 安

語

國語(국어)
英語(영어)
單語(단어)
言語(언어)

韓國	中國	日本	英語
語	语	語	語
말씀 어	yǔ [위]	ご [고]	words

사람은 누구나 각자 말【言】로써 자기 자신【吾】의 의견을 나타내는데, 그것이 **말씀**이라는 뜻의 글자

쓰기 語 語 語

然

自然(자연)
天然(천연)
當然(당연)
果然(과연)

韓國	中國	日本	英語
然	然	然	然
그럴 연	rán [란]	ぜん [젠]	so

개【犬】고기【月】는 불【灬】에 구워서 먹어야 하는데, 당연히 그렇게 해야 한다는 의미로, **그러하다**라는 뜻의 글자 *다른 뜻: 불사르다.

쓰기 然 然 然

午

午前(오전)
正午(정오)
端午(단오)
午後(오후)

韓國	中國	日本	英語
午	午	午	午
낮 오	wǔ [우]	ご [고]	noon

옛날 사람들은 해가 비치는 방향의 그림자로 시간을 알았는데, 해시계의 막대 그림자가 중앙에 일직선이 되는 낮 12시의 모양을 나타내 **낮**이라는 뜻의 글자

쓰기 午 午 午

정자(획순)	활용 단어	유래 과정·설명

右

左右(좌우)
右軍(우군)
右側(우측)
前後左右(전후좌우)

韓國	中國	日本	英語
右	右	右	右
오른쪽 우	yòu [여우]	う [우]	right

오른손과 밥을 먹는 입【口】을 나타내어, 밥을 먹는 중요한 손은 **오른손**이라는 뜻의 글자

쓰기 右

有

有無(유무)
有感(유감)
所有(소유)
有名(유명)

韓國	中國	日本	英語
有	有	有	有
있을 유	yǒu[여우]	ゆう[유우]	exist

손【ナ】에 고기【有】덩어리를 가지고 있는 데서 소유하거나 물건이 있다는 의미로, **있다**라는 뜻의 글자

쓰기 有

育

教育(교육)
體育(체육)
育成(육성)
育兒(육아)

韓國	中國	日本	英語
育	育	育	育
기를 육	yù [위]	いく [이쿠]	bring up

엄마 뱃속에서 태어난 아기【子】를 살【月】이 포동포동 찌게 잘 기른다는 의미로, **기르다**라는 뜻의 글자

쓰기 育

入

入口(입구)
入金(입금)
出入(출입)
收入(수입)

韓國	中國	日本	英語
入	入	入	入
들 입	rù [루]	にゅう[뉴우]	enter

옛날 집의 문을 나타내어 '들어가는 곳'이라는 의미로, **들다**라는 뜻의 글자

쓰기 入

子

子女(자녀)
父子(부자)
子息(자식)
子孫(자손)

韓國	中國	日本	英語
子	子	子	子
아들 자	zǐ [즈]	し [시]	son

태어난 아기가 강보에 싸인 모습으로, 옛날에는 아이를 낳으면 남자아이가 중요하다고 생각해서 **아들**이라는 뜻의 글자 *강보: 태어난 아기를 둘러싸는 이불

쓰기 子

정자(획순)	활용 단어	유래 과정·설명

7급 13회

自

自信(자신)
自動(자동)
自然(자연)
自由(자유)

중국 사람은 자기 코를 가리켜 자기 자신을 나타내는데,
남이 아닌 자기 **스스로**를 뜻하는 글자

韓國	中國	日本	英語	쓰기
自	自	自	自	自　自　自
스스로 자	zì[쯔]	じ[지]	self	

字

漢字(한자)
文字(문자)
活字(활자)
一字無識(일자무식)

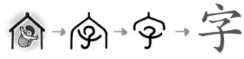

집【宀】 안에 아기【子】가 태어나 가족이 늘어나는 모양으로,
글자도 자꾸자꾸 많이 늘어난다는 데서 **글자**라는 뜻의 글자

韓國	中國	日本	英語	쓰기
字	字	字	字	字　字　字
글자 자	zì[쯔]	じ[지]	letter	

場

場所(장소)
廣場(광장)
農場(농장)
登場(등장)
工場(공장)

햇볕【昜】이 잘 드는 양지바른 땅【土】은 마당이라는 뜻의 글자

韓國	中國	日本	英語	쓰기
場	场	場	場	場　場　場
마당 장	chǎng[창]	じょう[죠오]	place	

全

完全(완전)
全國(전국)
全體(전체)
健全(건전)

흠(결함)이 없고 온전한 옥구슬【玉】을 캐내어 모두 집 안으로
들이는【入】 모양으로, **온전하다**라는 뜻의 글자 *다른 뜻: 모두 전

韓國	中國	日本	英語	쓰기
全	全	全	全	全　全　全
온전/무사할 전	quán[취엔]	ぜん[젠]	perfect	

前

前後(전후)
前方(전방)
前進(전진)
目前(목전)

앞으로 걸어가는 발과 같이 칼【刂】로 나무를 깎아 만든 배【月】가
앞으로 나아간다는 의미로, **앞**이라는 뜻의 글자

韓國	中國	日本	英語	쓰기
前	前	前	前	前　前　前
앞 전	qián[치엔]	ぜん[젠]	front	

정자(획순)	활용 단어	유래 과정 · 설명

電

電氣(전기)
電力(전력)
電話(전화)
感電(감전)

비가【雨】 오는 날에 번쩍하고 빛이【電 하늘이 갈라진 모양】 펼쳐지는 것이 **번개**라는 뜻의 글자

韓國	中國	日本	英語	쓰기		
電	电	電	電	電		
번개/전기 전	diàn [띠엔]	でん [덴]	lightning			

正

正直(정직)
正答(정답)
不正(부정)
正確(정확)

평평한 땅【一】에 흩트러지지 않고 똑바르게 서 있는 사람의 발【止】 모양으로, **바르다**라는 뜻의 글자

韓國	中國	日本	英語	쓰기		
正	正	正	正	正		
바를 정	zhèng [쩡]	せい [세이]	right			

祖

祖上(조상)
祖國(조국)
始祖(시조)
先祖(선조)

할아버지는 높은 어른이므로 제사【示】를 지낼 때, 제기【且】에 음식을 가득가득 쌓아서 그 덕을 기린다는 의미로, **할아버지**(할아비)를 뜻하는 글자 *다른 뜻: 조상 조

韓國	中國	日本	英語	쓰기		
祖	祖	祖	祖	祖		
할아비 조	zǔ [주]	そ [소]	ancestor			

足

手足(수족)
充足(충족)
滿足(만족)
不足(부족)

무릎 밑으로의 발의 모양을 나타내어, **발**이라는 뜻의 글자

韓國	中國	日本	英語	쓰기		
足	足	足	足	足		
발 족	zú [주]	そく [소쿠]	feet			

左

左右(좌우)
左傾(좌경)
左側(좌측)
右往左往(우왕좌왕)

왼손【屮】이 일【工 작업】을 하는 모양으로, 옛날에는 오른손은 귀한 손, 왼손은 천한 것으로 생각하여 무엇을 만들고 일을 하는 손이라는 데서, **왼손**이라는 뜻의 글자

韓國	中國	日本	英語	쓰기		
左	左	左	左	左		
왼 좌	zuǒ [주어]	さ [사]	left			

정자(획순)	활용 단어	유래 과정 · 설명

7급 15획

主

主人(주인)
君主(군주)
主婦(주부)
主催(주최)

韓國	中國	日本	英語
主	主	主	主
주인/임금 주	zhǔ [주]	しゅ [슈]	owner

촛대 위에서 촛불【主】이 타는 모양으로, 가운데에서 불을 밝히는 중심이 **주인**이라는 뜻의 글자

쓰기 主 主 主

住

住宅(주택)
住民(주민)
住所(주소)
移住(이주)

韓國	中國	日本	英語
住	住	住	住
살 주	zhù [쭈]	じゅう[쥬우]	dwell

사람 인【亻】과 주인 주【主】가 합쳐진 글자로, 사람은 옮겨 다니지 않고 일정한 장소에 주로 머물러 산다는 의미로, **산다**는 뜻의 글자

쓰기 住 住 住

重

重要(중요)
重複(중복)
輕重(경중)
重大(중대)

韓國	中國	日本	英語
重	重	重	重
무거울 중	zhòng [쫑]	じゅう[쥬우]	heavy

사람이 무거운 짐을 등에 지고 서 있는 모양으로, **무겁다**라는 뜻의 글자

쓰기 重 重 重

地

土地(토지)
天地(천지)
地球(지구)
地層(지층)

韓國	中國	日本	英語
地	地	地	地
따/땅 지	dì [띠]	じ [지]	earth

식물【土 식물의 근원】이 자라나고, 뱀【也】처럼 구불구불 길게 이어진 것이 **땅**이라는 뜻의 글자

쓰기 地 地 地

紙

白紙(백지)
休紙(휴지)
表紙(표지)
紙幣(지폐)

韓國	中國	日本	英語
紙	紙	紙	紙
종이 지	zhǐ [즈]	し [시]	paper

가는 실【糸】과 같은 섬유질을 나무뿌리【氏】처럼 얽어서 만든 것이 **종이**라는 뜻의 글자

쓰기 紙 紙 紙

정자(획순)	활용 단어	유래 과정 · 설명

直

正直(정직)
直線(직선)
直接(직접)
直行(직행)

 → 直 → 直 直 → 直

구석에 숨어【ㄴ】잘 보이지 않는 것도 여러 사람【十 열 명】이 자세히 보면【目】바르고 곧게 볼 수 있다는 의미로, **곧다**라는 뜻의 글자

韓國	中國	日本	英語	쓰기	
直	直	直	直		直 直 直
곧을/바를 직	zhí [즈]	ちょく [쵸쿠]	straight		

車

汽車(기차)
馬車(마차)
自轉車(자전거)
自動車(자동차)

車 → 車 → 車 → 車

양쪽에 바퀴가 달린 수레의 모양으로, **수레**를 뜻하는 글자

韓國	中國	日本	英語	쓰기	
車	车	車	車		車 車 車
수레 차/거	chē [쳐]	しゃ [샤]	cart		

千

千年(천년)
千古(천고)
千秋(천추)
危險千萬(위험 천만)

 → 千 → 千 → 千

나무 막대를 다리 사이에 끼워서 떨어뜨리지 않고 숫자를 일천까지 헤아리는 옛날 놀이에서 나와 **일 천**을 뜻하는 글자

韓國	中國	日本	英語	쓰기	
千	千	千	千		千 千 千
일천 천	qiān [치엔]	せん [센]	thousand		

川

山川(산천)
河川(하천)
晝夜長川(주야장천)

 → ||| → 川 → 川

시냇가의 물이 흘러가는 모양으로, **냇물**이라는 뜻의 글자

韓國	中國	日本	英語	쓰기	
川	川	川	川		川 川 川
내 천	chuān [추안]	せん [센]	stream		

天

天地(천지)
天然(천연)
天堂(천당)
人命在天(인명재천)

 → 昊 → 天 → 天

사람【大】위【一】에 있는 것이 **하늘**이라는 뜻의 글자

韓國	中國	日本	英語	쓰기	
天	天	天	天		天 天 天
하늘 천	tiān [티엔]	てん [뗀]	heaven		

정자(획순)	활용 단어	유래 과정 · 설명

7급
17회

草

草木(초목)
草原(초원)
雜草(잡초)
藥草(약초)

이른【早】 아침 싱그럽게 돋아 있는 풀【艹】의 모양으로, **풀**을 뜻하는 글자

韓國	中國	日本	英語
草	草	草	草
풀 초	cǎo [차오]	そう [소오]	grass

쓰기 草 草 草

村

農村(농촌)
漁村(어촌)
富村(부촌)
江村(강촌)

나무 목【木】과 마디 촌【寸】이 합쳐진 글자로, 고을의 수호신인 큰 나무들 중심으로 질서 있고 법도에 맞추어 모여 사는 곳이 시골 마을이라는 의미로, **마을**이라는 뜻의 글자

韓國	中國	日本	英語
村	村	村	村
마을 촌	cūn [춘]	そん [손]	village

쓰기 村 村 村

秋

秋夕(추석)
秋收(추수)
秋波(추파)
秋風落葉(추풍낙엽)

벼 화【禾】와 불 화【火】가 합쳐진 글자로, 들판의 벼가 불에 타듯이 불그스레 익어가는 계절이 **가을**이라는 뜻의 글자

韓國	中國	日本	英語
秋	秋	秋	秋
가을 추	qiū [치어우]	しゅう [슈우]	autumn

쓰기 秋 秋 秋

春

春分(춘분)
春風(춘풍)
靑春(청춘)
回春(회춘)

따뜻한 햇볕【日】을 받아 땅 위로 돋아 오른【屯】 새싹【艹】들의 모양으로, 새싹이 피는 **봄**을 뜻하는 글자

韓國	中國	日本	英語
春	春	春	春
봄 춘	chūn [춘]	しゅん [슌]	spring

쓰기 春 春 春

出

出口(출구)
出生(출생)
外出(외출)
進出(진출)

봄에 새싹들이 땅속에서 하나둘 솟아오르는 모양으로, '나오다 · 나가다'라는 의미로, **나다**라는 뜻의 글자

韓國	中國	日本	英語
出	出	出	出
날/나갈 출	chū [츄]	しゅつ [슈쯔]	come out

쓰기 出 出 出

정자(획순)	활용 단어	유래 과정 · 설명

便 (9)

韓國	中國	日本	英語

便利(편리)
不便(불편)
便所(변소)
便紙(편지)

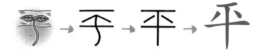

사람【亻】이 아궁이의 꺼져 가는 불을 되살려【更】 편리하게 사용하려고, 긴 막대로 고치고 있다는 의미로, **편하다**라는 의미의 글자 *다른 뜻: 똥오줌 변

便	便	便	便	쓰기	便 便 便
편할 편	biàn [삐엔]	べん [벤]	convenient		

平 ⑤

平均(평균)
平和(평화)
平等(평등)
不平(불평)

물 위에 떠 있는 풀잎이 수면과 같이 **평평하다**라는 뜻의 글자

韓國	中國	日本	英語
平	平	平	平	쓰기	平 平 平
평평할 평	píng [핑]	へい [헤이]	even		

下 ③

上下(상하)
地下(지하)
下山(하산)
下落(하락)

땅 아래서【一】 사는 벌레【丶 가 卜이 됨】를 보고 만든 모양으로, 원래는 하늘 **아래** 모든 것이 있다는 뜻의 글자

韓國	中國	日本	英語
下	下	下	下	쓰기	下 下 下
아래 하	xià [시아]	か [카]	below		

夏 ⑩

夏至(하지)
夏服(하복)
盛夏(성하)
立夏(입하)

날씨가 너무 더워 머리【頁】 끝부터 발【夊】 끝까지 다 벗고 드러내는 계절이 **여름**이라는 뜻의 글자

韓國	中國	日本	英語
夏	夏	夏	夏	쓰기	夏 夏 夏
여름 하	xià [시아]	か [카]	summer		

漢

漢字(한자)
漢族(한족)
漢江(한강)
漢陽(한양)

옛날 중국의 여러 나라 중 물【氵】과 진흙【菫】이 많은 양자강 상류에 세워졌던 큰 나라가 **한나라**라는 뜻의 글자 *다른 뜻: 한수 한

韓國	中國	日本	英語
漢	汉	漢	漢	쓰기	漢 漢 漢
한수/한나라 한	hàn [한]	かん [칸]	han		

정자(획순)	활용 단어	유래 과정 · 설명

海

東海(동해)
海洋(해양)
海軍(해군)
人山人海(인산인해)

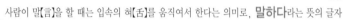 → 海

풀이 어머니【每】인 땅에서 점점 자라나서 무성히 커지듯이 물【氵】도 점점 모여서
나중에는 **바다**가 된다라는 뜻의 글자

韓國	中國	日本	英語	쓰기	海
海	海	海	海		
바다 해	hǎi [하이]	かい [카이]	sea		

花

花草(화초)
花環(화환)
花園(화원)
落花流水(낙화유수)

→ 花 → 花

풀【艹】의 모양이 변화【化】하여 **꽃**이 되어가는 신기한 모양을 나타낸 글자

韓國	中國	日本	英語	쓰기	花
花	花	花	花		
꽃 화	huā [후아]	か [카]	flower		

話

電話(전화)
對話(대화)
通話(통화)
話題(화제)

 → 話

사람이 말【言】을 할 때는 입속의 혀【舌】를 움직여서 한다는 의미로, **말하다**라는 뜻의 글자

韓國	中國	日本	英語	쓰기	話
話	話	話	話		
말씀 화	huà [후아]	わ [와]	words		

活

生活(생활)
活動(활동)
復活(부활)
活力(활력)

 → 活

마음대로 살아 움직이는 사람의 혀【舌】처럼, 흐르는 물【氵】이 마치 살아 있는 것
같이 활기찬 모양으로, **살아 있다**라는 뜻의 글자

韓國	中國	日本	英語	쓰기	活
活	活	活	活		
살 활	huó [후어]	かつ [카즈]	live		

孝

孝道(효도)
孝誠(효성)
忠孝(충효)
孝子(효자)

 → 孝 → 孝 → 孝

노인【耂】을 등에 업고 있는 자식【子】의 모습으로, 부모를 공경하는
행동에서 **효도**라는 뜻의 글자

韓國	中國	日本	英語	쓰기	孝
孝	孝	孝	孝		
효도 효	xiào [시아오]	こう [코오]	filial piety		

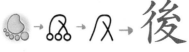

정자(획순)	활용 단어	유래 과정 · 설명

前後(전후)
後門(후문)
後援(후원)
生後(생후)

7급
20회

韓國	中國	日本	英語	
後	后	後	後	쓰기 後 後 後
뒤 후	hòu [허우]	こう [코오]	after	

길을 갈 때 조금씩 작은【幺】걸음【彳】으로 걸어가면 남보다 뒤쳐진다【夂】는 의미로, **뒤**를 뜻하는 글자

休日(휴일)
休息(휴식)
休職(휴직)
休暇(휴가)

韓國	中國	日本	英語	
休	休	休	休	쓰기 休 休 休
쉴 휴	xiū [시어우]	きゅう [큐우]	rest	

사람【亻】이 나무【木】에 기대어 잠시 쉬고 있는 모양으로, **쉬다**라는 뜻의 글자

정자(획순)	활용 단어	유래 과정·설명

7급
빠진 한자
1회

旗

旗手(기수)
國旗(국기)
反旗(반기)
校旗(교기)

전쟁 때, 대장군이 있는 곳에 제일 큰 깃발이 높게 펄럭이고 있는 모양으로, **깃발·기**를 뜻하는 글자

韓國	中國	日本	英語
旗	旗	旗	旗
기 기	qí [치]	き [키]	flag

쓰기 旗 旗 旗

洞

洞里(동리)
洞口(동구)
洞長(동장)
洞察(통찰)

물 수【水】와 같을 동【同】을 합친 글자. 냇물이나 우물 등 같은 물을 먹고사는 사람들이 모여 있는 곳이 **골(마을)**이라는 뜻의 글자

韓國	中國	日本	英語
洞	洞	洞	洞
골 동/밝을 통	dòng [똥]	どう [도오]	village

쓰기 洞 洞 洞

邑

邑內(읍내)
邑面(읍면)
邑長(읍장)
都邑(도읍)

일정한 울타리 안에서 사람들이 조용히 모여 사는 곳이 **고을(마을)**이라는 뜻의 글자

韓國	中國	日本	英語
邑	邑	邑	邑
고을 읍	yì [이]	ゆう [유우]	town

쓰기 邑 邑 邑

6급

정자(획순)	활용 단어	유래 과정·설명

6급
1회

 各自(각자) / 各種(각종) / 各國(각국) / 各界(각계)

사람의 발【足】이 거꾸로 된 모양】은 마음대로 갈 수 있고, 입【口】은 마음대로 말할 수 있어, 사람마다 **제각각**이라는 뜻의 글자

韓國	中國	日本	英語
各	各	各	各

각각/따로 각 | gè [끄어] | かく [카쿠] | each

쓰기 | 各 各 各

角度(각도) / 角逐(각축) / 頭角(두각) / 三角(삼각)

짐승의 머리에 난 뾰족한 **뿔**을 뜻하는 글자

韓國	中國	日本	英語
角	角	角	角

뿔 각 | jiǎo[지아오] | かく [카쿠] | horn

쓰기 | 角 角 角

感動(감동) / 感氣(감기) / 感謝(감사) / 感情(감정)

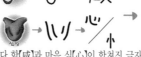

다 함【咸】과 마음 심【心】이 합쳐진 글자로, 마음【心】이 온통 다하여 【咸】 움직이는 것은 느끼는 것이라는 의미에서 **느끼다**라는 뜻의 글자

韓國	中國	日本	英語
感	感	感	感

느낄 감 | gǎn [간] | かん [칸] | feel

쓰기 | 感 感 感

强弱(강약) / 强盜(강도) / 富强(부강) / 最强(최강)

옛날 농사에 피해를 주던 쌀벌레【蟲】떼의 무리가 크고【弘】 생명력이 강하여 좀처럼 죽일 수가 없다는 의미로, 아주 **강하다**는 뜻의 글자 ＊벌레 충【蟲】을 하나만 나타낸 것 ＊强(강)은 強(강)의 속자(俗字)

韓國	中國	日本	英語
强	强	强	强

강할/굳셀 강 | qiáng [치앙] | きょう [쿄우] | strong

쓰기 | 强 强 强

公開(공개) / 開學(개학) / 開放(개방) / 開發(개발)

빗장【一】으로 가로지어 닫혀 있는 문【門】을 양손【廾】으로 연다는 의미로, **열다**라는 뜻의 글자

韓國	中國	日本	英語
開	开	開	開

열 개 | kāi [카이] | かい [카이] | open

쓰기 | 開 開 開

정자(획순)	활용 단어	유래 과정 · 설명

京

歸京(귀경)
京仁(경인)
京畿道(경기도)
京釜線(경부선)

높은 언덕 위에 큰 궁궐을 지어 놓은 곳이 **서울**이라는 뜻의 글자

6급 2회

韓國	中國	日本	英語	
京	京	京	京	쓰기
서울/도읍 경	jīng [찡]	きょう [쿄오]	capital	

京 京 京

計

計算(계산)
計劃(계획)
合計(합계)
設計(설계)

입으로 말【言】을 하며(수를 세며) 열【十】 손가락을 꼽으면,
그것은 계산을 하는 것이라는 의미로, **셈하다**라는 뜻의 글자

韓國	中國	日本	英語	
計	計	計	計	쓰기
셀/셈할 계	jì [찌]	けい [케이]	calculate	

計 計 計

界

境界(경계)
世界(세계)
限界(한계)
業界(업계)

밭【田】과 밭 사이에 끼어【介】 있는 두둑이 밭의 경계가 되어
지경(땅의 경계)이라는 뜻의 글자

韓國	中國	日本	英語	
界	界	界	界	쓰기
지경/경계 계	jiè [찌에]	かい [카이]	boundary	

界 界 界

古

古都(고도)
古代(고대)
古宮(고궁)
東西古今(동서고금)

옛날의 할아버지 때부터 10【十】대에 걸쳐 입【口】으로 전해 내려오는
이야기는 아주 오래된 **옛것**이라는 뜻의 글자

韓國	中國	日本	英語	
古	古	古	古	쓰기
옛/예 고	gǔ [꾸]	こ [코]	old	

古 古 古

苦

苦生(고생)
苦痛(고통)
苦悶(고민)
同苦同樂(동고동락)

옛날 오래【古】된 풀【艸】을 말려 약초로 사용하였는데, 그 맛이 몹시 써서
먹기에 괴롭다는 의미로, **괴롭다**라는 뜻의 글자

韓國	中國	日本	英語	
苦	苦	苦	苦	쓰기
쓸/괴로울 고	kǔ [쿠]	く [쿠]	bitter	

苦 苦 苦

정자(획순)	활용 단어	유래 과정·설명

高

高低(고저)
高級(고급)
高等(고등)
高下(고하)

韓國	中國	日本	英語
高	高	高	高
높을 고	gāo [까오]	こう [코오]	high

 →高→高→高

누각이 있는 높은 성의 모양으로, **높다**라는 뜻의 글자

쓰기 高 高 高

公

公平(공평)
公開(공개)
公園(공원)
公私(공사)

韓國	中國	日本	英語
公	公	公	公
공평할 공	gōng [꿍]	こう [코오]	public

 →公→公→公

개인의 욕심 같은 사사로운【厶는 팔을 안으로 당김】 감정을 잘라내고
공평【八 나눌 팔】하게 한다는 의미로, **공평하다**라는 뜻의 글자

쓰기 公 公 公

功

成功(성공)
功勞(공로)
武功(무공)
論功行賞(논공행상)

韓國	中國	日本	英語
功	功	功	功
공/일 공	gōng [꿍]	こう [코오]	merits

 →功→功→功

대장간의 장인【工】이 힘【力】써 일하여 만든 물건에는 정성과 공이 깃들여
있다는 의미로, **공**이라는 뜻의 글자 *장인: 물건을 만드는 사람

쓰기 功 功 功

共

共同(공동)
共通(공통)
共助(공조)
共生(공생)

韓國	中國	日本	英語
共	共	共	共
한가지/함께 공	gòng [꿍]	きょう [쿄오]	together

 →共→共→共

열 명【十】이 두 번 더해져 많은 사람들이 두 손【廾 스물 입】으로 힘을 합쳐
어떤 일을 함께【一】 한다는 의미로, **함께**라는 뜻의 글자

쓰기 共 共 共

果

結果(결과)
效果(효과)
成果(성과)
果實(과실)

韓國	中國	日本	英語
果	果	果	果
실과/열매 과	guǒ [구어]	か [카]	fruit

 →果→果→果

나무【木】에 열매【田 열매 모양】가 탐스럽게 열려 있는 모양으로,
열매라는 뜻의 글자

쓰기 果 果 果

정자(획순)	활용 단어	유래 과정·설명

科

科學(과학)
科擧(과거)
眼科(안과)
科目(과목)

韓國	中國	日本	英語
科	科	科	科
과목/과정 과	kē [크어]	か [카]	subject

벼【禾】와 같은 곡식을 말【斗】로 헤아려서 등급을 매기듯 학문 또한
일정한 기준에 의해 나눈 것이 **과목**이라는 뜻의 글자

쓰기 科 科 科

6급 4회

光

觀光(관광)
光線(광선)
光速(광속)
光明(광명)

韓國	中國	日本	英語
光	光	光	光
빛 광	guāng [꾸앙]	こう [코오]	light

어두운 곳에서 사람【儿】이 햇불【火】을 높이 들어 불빛이 밝은 모양으로,
빛이라는 뜻의 글자

쓰기 光 光 光

交

交通(교통)
交換(교환)
交涉(교섭)
外交(외교)

韓國	中國	日本	英語
交	交	交	交
사귈 교	jiāo [지아오]	こう [코오]	associate

사람이 다리를 교차되게 앉은 모양으로, 편안히 앉아서
서로 **사귄**다는 뜻의 글자

쓰기 交 交 交

區

區分(구분)
區域(구역)
區別(구별)
區間(구간)

韓國	中國	日本	英語
區	区	区	區
구분할/지경 구	qū [취]	く [쿠]	partition

여러 칸으로 나누어져 있는 찬장 속【匸】에 많은 물건【品】을 정리하여 보관하고
있는 모양으로, 각각의 작은 칸들이 **구역**이라는 뜻의 글자

쓰기 區 區 區

球

地球(지구)
野球(야구)
球場(구장)
卓球(탁구)

韓國	中國	日本	英語
球	球	球	球
공/옥 구	qiú [치어우]	きゅう [큐우]	ball

옥【王】돌을 구해서【求】잘 갈고닦으면 공처럼 둥근 구슬이 된다는 의미로,
공·구슬을 뜻하는 글자 *구슬 옥: 玉와 王 양쪽을 다 사용한다.

쓰기 球 球 球

정자(획순)	활용 단어	유래 과정 · 설명

6급 5회

近 ⑧

近接(근접)
親近(친근)
最近(최근)
近處(근처)

韓國	中國	日本	英語
近	近	近	近
가까울 근	jìn [찐]	きん [킨]	near

옛날 사람들은 도끼를 저울로 사용하였는데, 도끼【斤】 머리를 저울의 가운데 중심으로 조금씩조금씩 움직여 균형에 가깝게 다가가게【辶】 하는 모양으로, **가깝다**라는 뜻의 글자

쓰기: 近 近 近

根 ⑩

根本(근본)
根性(근성)
禍根(화근)
根源(근원)

韓國	中國	日本	英語
根	根	根	根
뿌리 근	gēn [껀]	こん [콘]	root

나무【木】의 근본을 찾기 위해 아무리 뚫어지게 쳐다봐도【艮】 보이지 않는 부분이 뿌리라는 의미로, **뿌리**라는 뜻의 글자 ＊본래 가장 중요한 것은 눈에 잘 보이지 않는다.

쓰기: 根 根 根

今 ④

今日(금일)
今年(금년)
昨今(작금)
古今(고금)

韓國	中國	日本	英語
今	今	今	今
이제/지금 금	jīn [찐]	こん [콘]	now

집 안에 높은 사람【人】의 말씀을 듣기 위해 여러 사람이 모일 때, 시간에 잘 맞추어 가야 한다는 의미로, 지금 · **이제**라는 뜻의 글자

쓰기: 今 今 今

急 ⑨

急行(급행)
特急(특급)
危急(위급)
急求(급구)

韓國	中國	日本	英語
急	急	急	急
급할 급	jí [지]	きゅう [큐우]	urgent

쫓아오는 사람【人】의 손【⺕】에 잡히지 않으려고 급히 달아나는 마음【心】을 나타내 **급하다**라는 뜻의 글자

쓰기: 急 急 急

多

多少(다소)
最多(최다)
多幸(다행)
多情(다정)

韓國	中國	日本	英語
多	多	多	多
많을 다	duō [뚜어]	た [타]	many

잘라 놓은 큰 고깃덩어리 두 개를 겹쳐 놓아 특별히 **많다**라는 뜻의 글자

쓰기: 多 多 多

정자(획순)	활용 단어	유래 과정·설명

短

長短(장단)
短縮(단축)
短點(단점)
短期(단기)

韓國	中國	日本	英語
短	短	短	短
짧을 단	duǎn [두안]	たん [탄]	short

옛날 짧은 길이는 자 대신 화살【矢】로 재고, 적은 수량은 콩【豆】으로 하나둘 헤아린 것에서 나와 길지 않고 **짧다**라는 뜻의 글자

쓰기 短 短 短

6급 6회

堂

講堂(강당)
法堂(법당)
堂叔(당숙)
正正堂堂(정정당당)

韓國	中國	日本	英語
堂	堂	堂	堂
집 당	táng [탕]	どう [도오]	hall

흙【土】을 높이【尚】 쌓고 그 위에 지은 큰 집을 의미하여, **집**이라는 뜻의 글자

쓰기 堂 堂 堂

代

時代(시대)
現代(현대)
代表(대표)
代金(대금)

韓國	中國	日本	英語
代	代	代	代
대신할 대	dài [따이]	たい [타이]	substitute

어떤 것을 남에게 보이기 위해 사람【亻】을 대신하여 말뚝이나 푯말【弋】을 세워 둔 모양으로, **대신하다**라는 뜻의 글자

쓰기 代 代 代

待

優待(우대)
待接(대접)
待機(대기)
招待(초대)

韓國	中國	日本	英語
待	待	待	待
기다릴 대	dài [따이]	たい [타이]	wait

옛날부터 관청이나 절【寺】에는 사람들이 많아 일을 보러 가서【亻】 기다린다는 의미로, **기다리다**라는 뜻의 글자

쓰기 待 待 待

對

相對(상대)
對話(대화)
反對(반대)
對答(대답)

韓國	中國	日本	英語
對	対	対	對
대할/대답 대	duì [뚜에이]	たい [타이]	reply

관청에서 일을 하는 관리는 제멋대로 땅에서 자란 무성한 초목처럼 엉켜 있는 일들을 법도와 규칙에 따라 일을 **대하고**, 흔들림 없이 일정한 대답을 해야 한다는 의미로, **대답하다**라는 뜻의 글자

쓰기 對 對 對

정자(획순)	활용 단어	유래 과정 · 설명

度

溫度(온도)
速度(속도)
制度(제도)
年度(년도)

한 지붕【广】 밑에서 많은 사람이 모여 손【又】으로 헤아려 만든 기준,
법도를 의미하여 **법도**를 뜻하는 글자

韓國	中國	日本	英語
度	度	度	度
법도 도	dù [뚜]	ど [도]	law

쓰기 度 度 度

圖

地圖(지도)
圖謀(도모)
略圖(약도)
圖面(도면)

큰 종이에 몸이라는 글자와 입을 그린 그림 모양으로,
그림이라는 뜻의 글자

韓國	中國	日本	英語
圖	图	図	圖
그림 도	tú [투]	ず [즈]	map

쓰기 圖 圖 圖

讀

讀書(독서)
讀者(독자)
朗讀(낭독)
速讀(속독)

장사꾼이 물건을 팔기【賣】 위해 크게 외치듯【言】, 책을 소리 내어
읽는다는 의미로, **읽다**라는 뜻의 글자

韓國	中國	日本	英語
讀	读	読	讀
읽을 독	dú [두]	とく [도쿠]	read

쓰기 讀 讀 讀

童

童話(동화)
童謠(동요)
童心(동심)
童顔(동안)

어른들은 허리 굽혀 밭에서 일을 하고, 마을【里】에서 서서【立】 뛰어노는 것은
아이들이라는 의미로, **아이**라는 뜻의 글자

韓國	中國	日本	英語
童	童	童	童
아이 동	tóng [통]	どう [도]	child

쓰기 童 童 童

頭

先頭(선두)
頭痛(두통)
頭書(두서)
頭角(두각)

콩 껍질같이 생긴 그릇【豆】의 모양이 사람의 머리【頁】처럼 생겼다는 의미로,
머리를 뜻하는 글자

韓國	中國	日本	英語
頭	头	頭	頭
머리 두	tóu [터우]	ず [즈]	head

쓰기 頭 頭 頭

정자(획순)	활용 단어	유래 과정 · 설명

等

等級(등급)
差等(차등)
平等(평등)
等分(등분)

韓國	中國	日本	英語
等	等	等	等
무리/등급 등	děng [덩]	とう [도오]	grade

옛날 관청【절 寺】에서 대나무【竹】로 써 놓은 글(서류)을 가지런히 정리하여 중요한 것과 중요하지 않은 것으로 등급을 나눈다는 의미로, **등급**이라는 뜻의 글자

쓰기 等 等 等

6급 8회

禮

禮節(예절)
答禮(답례)
禮拜(예배)
婚禮(혼례)

韓國	中國	日本	英語
禮	礼	礼	禮
예절 례(예)	lǐ [리]	れい [레이]	etiquette

그릇【豆】에 음식물을 풍성하게【曲】차려 놓고 신이나 조상【示】의 제사를 지내는 예절을 의미하여, **예절**이라는 뜻의 글자

쓰기 禮 禮 禮

路

道路(도로)
鐵路(철로)
路線(노선)
進路(진로)

韓國	中國	日本	英語
路	路	路	路
길 로(노)	lù [루]	ろ [로]	road

발 족【足】과 각각 각【各】이 합쳐진 글자로, 사람들이 제마다 각각 발로 걸어 다니는 길을 의미하여, **길**이라는 뜻의 글자

쓰기 路 路 路

綠

綠陰(녹음)
綠豆(녹두)
綠茶(녹차)
草綠同色(초록동색)

韓國	中國	日本	英語
綠	绿	緑	綠
푸를 록(녹)	lǜ [뤼]	りょく [료쿠]	green

나무를 깎을【彔깎을 록】때 나오는 속껍질의 실【糸】같은 섬유질이 **푸른색**을 띠고 있는 데서 나온 글자

쓰기 綠 綠 綠

利

利子(이자)
利得(이득)
權利(권리)
便利(편리)

韓國	中國	日本	英語
利	利	利	利
이할/이로울 리(이)	lì [리]	り [리]	benefit

벼【禾】를 날카로운 도구【刂 낫, 칼】로 베어 자기 것으로 만드니 농부에게 이롭다는 의미로, **이롭다**라는 뜻의 글자

쓰기 利 利 利

정자(획순)	활용 단어	유래 과정·설명

6급 9회

理

1 6 (11)

道理(도리)
理由(이유)
理解(이해)
理論(이론)

韓國	中國	日本	英語
理	理	理	理
다스릴 리(이)	lǐ [리]	り [리]	govern

玉→王
里→里 → 理

마을【里】을 올바로 다스리는 것이 임금【王】의 도리라는 의미로, **다스리다**라는 뜻의 글자

쓰기 理 理 理

明

2 5
1 6
(8)

分明(분명)
證明(증명)
明確(명확)
明暗(명암)

韓國	中國	日本	英語
明	明	明	明
밝을 명	míng [밍]	めい [메이]	bright

→ 明 → 明 → 明

낮에는 해【日】, 밤에는 달【月】이 밝게 비춰준다는 의미로, **밝다**라는 뜻의 글자

쓰기 明 明 明

目

3
1 4 2
(5)

科目(과목)
目的(목적)
目標(목표)
眼目(안목)

韓國	中國	日本	英語
目	目	目	目
눈 목	mù [무]	もく [모쿠]	eye

→ → 目/田 → 目

크게 뜬 사람의 눈【目】 모양으로 **눈**을 뜻하는 글자

쓰기 目 目 目

聞

2 4
10
13
(14)

新聞(신문)
探聞(탐문)
見聞(견문)
所聞(소문)

韓國	中國	日本	英語
聞	闻	聞	聞
들을 문	wén [원]	ぶん [분]	hear

→ → 門 → 聞

문 문【門】과 귀 이【耳】가 합쳐진 글자로, 문에 귀를 대고 안에서 말하는 것을 듣는다는 의미로, **듣다**라는 뜻의 글자

쓰기 聞 聞 聞

米

2
1 3
5 6
4

白米(백미)
玄米(현미)
米穀(미곡)
米飮(미음)

韓國	中國	日本	英語
米	米	米	米
쌀 미	mǐ [미]	まい [마이]	rice

→ → 米 → 米

벼 이삭에 달려 있는 쌀【米】의 모양으로, **쌀**을 뜻하는 글자

쓰기 米 米 米

정자(획순)	활용 단어	유래 과정 · 설명

美

1 2 3 4 5 6 7 8 ⑨

美人(미인)
美國(미국)
美術(미술)
美風良俗(미풍양속)

옛날 사람【大】들이 아름답고 화려하게 보이기 위해, 새의 깃털로 만든 예쁜 모자를 쓰고 있는 모양으로, **아름답다**라는 뜻의 글자

韓國	中國	日本	英語	쓰기
美	美	美	美	美 美 美
아름다울 미	měi [메이]	び [비]	beautiful	

反

1 2 3 ④

反對(반대)
反省(반성)
反復(반복)
反應(반응)

넓적한 돌【厂】을 손【又】으로 뒤집었다 다시 엎었다 하는 모양으로, 어떤 것을 반대로 하거나 **돌이킨다**라는 뜻의 글자

韓國	中國	日本	英語	쓰기
反	反	反	反	反 反 反
돌이킬/되풀이반	fǎn [판]	はん [한]	against	

半

1 2 3 4 ⑤

半切(반절)
半額(반액)
前半(전반)
後半(후반)

두 사람이 소【牛】를 잡아 정확하게 절반씩 나누어【八】 가진다는 의미로, **절반**이라는 뜻의 글자

韓國	中國	日本	英語	쓰기
半	半	半	半	半 半 半
반/절반 반	bàn [빤]	はん [한]	half	

發

1 2 3 4 5 6 7 8 9 10 11 12

發生(발생)
發見(발견)
發達(발달)
發表(발표)

활【弓】을 쏘고 창을 던지며【殳】 두 발【癶】로 뻗어나가는 모양으로, 전쟁에 이겨 영토를 넓히고 문화를 일으켜 꽃피운다는 의미로, **피다**라는 뜻의 글자

韓國	中國	日本	英語	쓰기
發	发	発	發	發 發 發
필/쏠 발	fā [파]	はつ [하쯔]	flower	

放

1 2 6 7 8

放學(방학)
放送(방송)
追放(추방)
放置(방치)

나쁜 짓을 한 사람에게 회초리로 치고【攵】, 배【方】를 태워 멀리 내쫓는다(놓아 보낸다)는 의미로, **놓다**라는 뜻의 글자

韓國	中國	日本	英語	쓰기
放	放	放	放	放 放 放
놓을 방	fàng [팡]	ほう [호오]	release	

정자(획순)	활용 단어	유래 과정 · 설명

6급
11회

番

番號(번호)
番地(번지)
當番(당번)

농부가 밭【田】에 씨를 뿌리면서 지나간 발자국【釆】이 차례차례로 나 있는 것을 보고 만든 글자로, **차례**라는 뜻의 글자

韓國	中國	日本	英語	쓰기	番 番 番
番	番	番	番		
차례 번	fān [판]	ばん [반]	turn		

別

特別(특별)
離別(이별)
分別(분별)
別居(별거)

짐승의 살과 뼈【另】를 칼【刂】로 발라내어 따로따로 사용하기 위해 각각 나누어 다르게 놓아둔다는 의미로, **다르다**라는 뜻의 글자

韓國	中國	日本	英語	쓰기	別 別 別
別	別	別	別		
다를/나눌 별	bié [비에]	べつ [베쯔]	parting		

病

病院(병원)
發病(발병)
病死(병사)
病室(병실)

몸이 아파 누워 있는 사람【疒】의 몸은 아궁이에 불【丙】을 지피듯이 뜨거운 열이 있어 병들었다는 의미로, **병들다**라는 뜻의 글자

韓國	中國	日本	英語	쓰기	病 病 病
病	病	病	病		
병/병들 병	bìng [삥]	びょう [묘오]	disease		

服

服務(복무)
服用(복용)
韓服(한복)
服裝(복장)

사람의 신체【月】에 잘 맞추어(복종하여) 무릎 부분까지 감싸서 입는 하의 옷을 나타내어 **옷**을 뜻하는 글자

韓國	中國	日本	英語	쓰기	服 服 服
服	服	服	服		
옷 복	fú [푸]	ふく [후쿠]	clothes		

本

根本(근본)
本部(본부)
見本(견본)
教本(교본)

뿌리【一】는 눈에 보이지 않지만 나무【木】의 기초가 되는 중요한 근본이라는 표시로 점을 찍은 모양으로, **근본**이라는 뜻의 글자

韓國	中國	日本	英語	쓰기	本 本 本
本	本	本	本		
근본/뿌리 본	běn [번]	ほん [혼]	origin		

정자(획순)	활용 단어	유래 과정·설명

部

部分(부분)
全部(전부)
部品(부품)
部長(부장)

나라를 다스리기 편하도록 여러 개의 고을【阝무리】로 갈라【剖 '가를 부'의 획 줄임】 나눈다는 의미로, **나누다**라는 뜻의 글자

韓國	中國	日本	英語
部	部	部	部
떼/나눌 부	bù [뿌]	ぶ [부]	section

쓰기 部 部 部

分

區分(구분)
分離(분리)
分配(분배)
分明(분명)

칼【刀】로 물건을 양쪽【八】으로 나눈 모양으로, **나누다**라는 뜻의 글자

韓國	中國	日本	英語
分	分	分	分
나눌 분	fēn [펀]	ぶん [분]	divide

쓰기 分 分 分

6급 12회

死

死亡(사망)
生死(생사)
死力(사력)
死別(사별)

보통 사람들과는 다르게 거꾸로 선 사람은 변했다는 의미로, 사람의 살이 없어져 앙상한 뼈【歹】로 변한 데서【匕】 **죽다**라는 뜻의 글자

韓國	中國	日本	英語
死	死	死	死
죽을 사	sǐ [쓰]	し [시]	die

쓰기 死 死 死

使

使命(사명)
使臣(사신)
使用(사용)
大使(대사)

사람 인【亻】과 관리 리【吏】가 합쳐진 글자로, 윗사람이 자기가 시키는 대로 관리들이 일을 하게끔 **부린다**라는 의미의 글자

韓國	中國	日本	英語
使	使	使	使
하여금/부릴 사	shǐ [스]	し [시]	employ

쓰기 使 使 使

書

書店(서점)
讀書(독서)
遺書(유서)
書類(서류)

임금의 말씀【曰】을 잊지 않기 위해 붓【聿 붓 율】으로 적어 놓은 글을 의미하여, 글이라는 뜻의 글자

韓國	中國	日本	英語
書	书	書	書
글 서	shū [슈]	しょ [쇼]	write

쓰기 書 書 書

정자(획순)	활용 단어	유래 과정·설명

6급 13회

石

寶石(보석)
石油(석유)
化石(화석)
石炭(석탄)

韓國	中國	日本	英語
石	石	石	石
돌 석	shí [스]	せき [세끼]	stone

낭떠러지【厂】에서 쿵하고 떨어진 돌【口】을 보고 만든 글자

쓰기 石 石 石

席

出席(출석)
座席(좌석)
參席(참석)
客席(객석)

韓國	中國	日本	英語
席	席	席	席
자리 석	xí [시]	せき [세끼]	seat

집 안에 여러【庶의 획 줄임】 사람(20명)이 앉을 수 있게 천【巾 수건】으로 만든 것이 방석과 같은 자리라는 의미로, **자리**를 뜻하는 글자

쓰기 席 席 席

線

電線(전선)
無線(무선)
直線(직선)
線路(선로)

韓國	中國	日本	英語
線	线	線	線
줄 선	xiàn [시엔]	せん [셴]	line

샘【泉】에서 솟아 나온 물이 길게 이어져 흘러가는 것처럼, 실【糸】을 길게 연결한 것이 **줄**(선)이라는 뜻의 글자

쓰기 線 線 線

雪

雪景(설경)
白雪(백설)
雪辱(설욕)
暴雪(폭설)

韓國	中國	日本	英語
雪	雪	雪	雪
눈 설	xuě [쉬에]	せつ [세쯔]	snow

하늘에서 내리는 것을【雨】 빗자루【彗 빗자루 혜】로 깨끗이 쓸어야 하는 것은 **눈**이라는 뜻의 글자

쓰기 雪 雪 雪

成

成功(성공)
完成(완성)
養成(양성)
達成(달성)

韓國	中國	日本	英語
成	成	成	成
이룰 성	chéng [청]	せい [세이]	success

옛날, 전쟁에서 이겨 빼앗은 땅에 그 표시로 못【丁】을 박아 국경을 정하고, 창【戈】으로 지키면 안정이 되어 모든 것을 다 이루어 낸 것이라는 의미로, **이루다**라는 뜻의 글자

쓰기 成 成 成

정자(획순)	활용 단어	유래 과정·설명

省

反省(반성)
自省(자성)
省墓(성묘)
省略(생략)＊덜 생

무엇을 자세히 보기 위해, 눈【目】을 가늘게 뜨고 적은【少】 것까지도 꼼꼼히 살핀다는 의미로, **살피다**라는 뜻의 글자 ＊다른 뜻: 줄일/덜 생

韓國	中國	日本	英語
省	省	省	省
살필 성	shěng [셩]	せい [세이]	watch

쓰기 省 省 省

消

消滅(소멸)
消火(소화)
消毒(소독)
取消(취소)

고기【月】를 작게【小】 자꾸 자르면 그 본래의 모양이 없어지듯, 물【氵】도 점점 줄어들면 사라져 버린다는 의미로, **사라지다**라는 뜻의 글자

韓國	中國	日本	英語
消	消	消	消
사라질/꺼질 소	xiāo [시아오]	しょう [쇼오]	turn off

쓰기 消 消 消

速

速度(속도)
速力(속력)
風速(풍속)
速成(속성)

산에서 나무를 베어 나를 때, 한 그루씩 나르지 않고 많은 나무를 묶어서【束】 한꺼번에 가면【辶】 **빠르다**라는 뜻의 글자

韓國	中國	日本	英語
速	速	速	速
빠를 속	sù [쑤]	そく [소쿠]	quick

쓰기 速 速 速

孫

孫子(손자)
後孫(후손)
宗孫(종손)
王孫(왕손)

아들 자【子】와 이을 계【系】가 합쳐진 글자로, 아들의 뒤를 이어 계속되는 자손이, 아들의 자식인 **손자**라는 뜻의 글자

韓國	中國	日本	英語
孫	孙	孫	孫
손자 손	sūn [쑨]	そん [손]	grandson

쓰기 孫 孫 孫

樹

樹立(수립)
樹木(수목)
街路樹(가로수)
果樹園(과수원)

나무【木】는 반듯하게 세워서【尌 세울 주】 심고 가꾸어야 튼튼한 나무가 된다는 의미로, **나무**라는 뜻의 글자

韓國	中國	日本	英語
樹	树	樹	樹
나무 수	shù [슈]	じゅ [쥬]	tree

쓰기 樹 樹 樹

6급 14회

정자(획순)	활용 단어	유래 과정·설명

6급
15회

習

練習(연습)
習慣(습관)
學習(학습)
習性(습성)

막 태어나 아직 자기 색깔을 가지지 못한 어린 흰【白】 새가 스스로 날기 위해 열심히 날개【羽】짓을 하여 **익힌다**라는 뜻의 글자

韓國	中國	日本	英語
習	习	習	習
익힐/배울 습	xí [시]	しゅう [슈우]	study

쓰기 習 習 習

勝

勝利(승리)
勝敗(승패)
優勝(우승)
決勝(결승)

어떤 어려움이 있어도, 몸으로 부딪치고 양손으로 있는 힘【力】을 다해 싸우면 반드시 **이긴다**라는 뜻의 글자

韓國	中國	日本	英語
勝	胜	勝	勝
이길 승	shèng [셩]	しょう [쇼오]	win

쓰기 勝 勝 勝

始

始作(시작)
始祖(시조)
開始(개시)
始發(시발)

여자【女】의 뱃속에 있는 아이【台】는 생명체가 시작되는 처음이라는 의미로, **처음**이라는 뜻의 글자

韓國	中國	日本	英語
始	始	始	始
비로소/처음 시	shǐ [스]	し [시]	begin

쓰기 始 始 始

式

方式(방식)
形式(형식)
式場(식장)
法式(법식)

옛날 장인【工】들이 물건【弋】을 만들 때, 하나하나 먹물로 표시를 하여 똑같이 일정한 형식과 법칙에 따라 만들었다는 의미로, **법칙·법**이라는 뜻의 글자 *장인: 물건을 만드는 사람

韓國	中國	日本	英語
式	式	式	式
법/제도 식	shì [스]	しき [시끼]	rule

쓰기 式 式 式

身

身體(신체)
身分(신분)
自身(자신)
處身(처신)

긴 막대를 뒤로 하여 큰 배를 불룩 튀어나오게 한 모양으로, 사람 신체의 중심에 있는 배가 우리 **몸**이라는 뜻의 글자 *다른 유래: 임신한 여자의 큰 배 모양

韓國	中國	日本	英語
身	身	身	身
몸 신	shēn [셔]	しん [신]	body

쓰기 身 身 身

정자(획순)	활용 단어	유래 과정·설명

信
⑨

信用(신용)
答信(답신)
信念(신념)
信仰(신앙)

韓國	中國	日本	英語
信	信	信	信
믿을 신	xìn [씬]	しん [신]	faith

사람 인【亻】과 말씀 언【言】이 합쳐진 글자로, 사람이 하는 말은 마음속에서 우러나와야 참되고 믿을 수 있다는 의미로, **믿다**라는 뜻의 글자

쓰기 信 信 信

6급
16회

神
⑩

神父(신부)
鬼神(귀신)
神祕(신비)
神話(신화)

韓國	中國	日本	英語
神	神	神	神
귀신 신	shén [션]	しん [신]	god

제사를 지내는 사람의 정성에 복을 내려 하늘의 뜻을 보이기도【示】 하고, 번개【申】로 악을 벌 주기도 하여, 인간에게 복과 화를 주는 것이 **신·귀신**이라는 뜻의 글자

쓰기 神 神 神

新
⑬

新舊(신구)
新規(신규)
最新(최신)
新聞(신문)

韓國	中國	日本	英語
新	新	新	新
새 신	xīn [신]	しん [신]	new

살아 서【立】 있는 나무【木】를 도끼【斤】로 잘라내면, 다시 그 자리에 새로운 싹이 돋아난다는 의미로, **새롭다**라는 뜻의 글자

쓰기 新 新 新

失
⑤

失手(실수)
失敗(실패)
過失(과실)
紛失(분실)

韓國	中國	日本	英語
失	失	失	失
잃을 실	shī [스]	しつ [시쯔]	lose

손【手】에 쥐고 있던 돈이나 물건이 밑으로 떨어져 잃어버리거나 놓친다는 의미로, **잃다**라는 뜻의 글자

쓰기 失 失 失

樂
⑮

音樂(음악)
樂器(악기)
娛樂(오락)
樂園(낙원)

韓國	中國	日本	英語
樂	乐	楽	樂
노래 악/즐길 락(낙)	yuè[위에]/lè[르어]	がく [가쿠]	music

경사스러운 잔치에서 즐겁게 흥을 돋우는 북의 모양으로, **풍류**를 뜻하는 글자
*다른 의미: 큰 북【白은 북 모양】과 작은 북【幺】을 받침대【木】 위에 올려놓고 치는 모양

쓰기 樂 樂 樂

정자(획순)	활용 단어	유래 과정·설명

6급 17회

愛

愛用(애용)
愛國(애국)
愛情(애정)
愛人(애인)

좋아하는 사람에게 물건(선물)을 주기【愛】위해 두근거리는 마음【心】으로 다가가는【夂】 것이 애정·사랑이라는 뜻의 글자

韓國	中國	日本	英語	
愛	愛	愛	愛	쓰기
사랑 애	ài [아이]	あい [아이]	love	愛 愛 愛

夜

夜間(야간)
晝夜(주야)
夜深(야심)

주위가 깜깜해져 담 넘어 쳐다보니 산에 해가 지고 달이 나와 있는 모양으로, 밤이라는 뜻의 글자

韓國	中國	日本	英語	
夜	夜	夜	夜	쓰기
밤 야	yè [이에]	や [야]	night	夜 夜 夜

野

平野(평야)
野望(야망)
野生(야생)
野球(야구)

마을【里】사람들에게 곡식을 거두어들일 수 있게 논과 밭을 주는【予】것이 들판이라는 의미로, 들이라는 뜻의 글자

韓國	中國	日本	英語	
野	野	野	野	쓰기
들 야	yě [이에]	や [야]	wild	野 野 野

弱

强弱(강약)
虛弱(허약)
弱點(약점)
弱者(약자)

막 태어난 새끼 새들의 날개가 나란히 축 처져, 날 수도 없고 너무 약하다라는 뜻의 글자

韓國	中國	日本	英語	
弱	弱	弱	弱	쓰기
약할 약	ruò [루어]	じゃく [자쿠]	weak	弱 弱 弱

藥

藥品(약품)
藥師(약사)
韓藥(한약)
洋藥(양약)

풀의 잎【++】으로 만든 것이, 아파서 괴로워하는 사람들의 병을 낫게 하여 즐거움【樂】을 주는 약이 된다는 의미로, 약을 뜻하는 글자

韓國	中國	日本	英語	
藥	药	薬	藥	쓰기
약 약	yào [야오]	やく [야쿠]	drugs	藥 藥 藥

정자(획순)	활용 단어	유래 과정·설명

洋⑨

海洋(해양)
洋食(양식)
太平洋(태평양)
大西洋(대서양)

川 → 水 → 水/氵
羊 → 用 → 羊/羊 → 洋

많은 양【羊】떼가 무리지어 움직이는 모양이 마치 많은 물결【氵】이 출렁거리는 **큰 바다**와 같다는 뜻의 글자

韓國	中國	日本	英語
洋	洋	洋	洋
큰바다 양	yáng [양]	よう [요오]	ocean

쓰기: 洋 洋 洋

6급 18회

陽⑫

太陽(태양)
陽地(양지)
陽氣(양기)
陰陽(음양)

→ 阜 → 阝
→ 灬 → 昜 → 陽

높은 언덕【阝】 위에는 장애물이 없어 햇볕【昜】이 더 밝게 비친다는 의미로, **(햇)볕**이라는 뜻의 글자

韓國	中國	日本	英語
陽	阳	陽	陽
볕/해 양	yáng [양]	よう [요오]	sun

쓰기: 陽 陽 陽

言⑦

言語(언어)
言論(언론)
發言(발언)
遺言(유언)

→ 舌 → 言 → 言

머릿속의 생각을 곧바로 창으로 찌르듯, 입으로 내뱉는 것이 **말(말씀)**이라는 뜻의 글자

韓國	中國	日本	英語
言	言	言	言
말씀 언	yán [이엔]	げん [겐]	word

쓰기: 言 言 言

業⑬

業務(업무)
職業(직업)
營業(영업)
開業(개업)

→ 業 → 業 → 業

악기나 종을 치기 위해서는 먼저 악기를 걸어야 하는 나무틀을 만들어야 하는데, 어떤 것을 하는 데 있어 먼저 필요한 일 또는 업이라는 의미로, **업**이라는 뜻의 글자

韓國	中國	日本	英語
業	业	業	業
업/일 업	yè [이에]	ぎょう [교오]	business

쓰기: 業 業 業

永⑤

永遠(영원)
永久(영구)
永生(영생)
永住權(영주권)

→ 永 → 永 → 永

여러 갈래의 냇물의 줄기가 하나둘 합쳐져서, 큰 강이 되어 흘러가는 그 흐름이 길고도 **길다**는 뜻의 글자

韓國	中國	日本	英語
永	永	永	永
길 영	yǒng [융]	えい [에이]	eternal

쓰기: 永 永 永

정자(획순)	활용 단어	유래 과정·설명

6급 19회

韓國	中國	日本	英語
英	英	英	英
꽃부리 영	yīng [잉]	えい [에이]	corolla

英語(영어)
英雄(영웅)
英國(영국)
英才教育(영재교육)

풀【艹】들의 중앙【央】에 피어 있는 꽃(꽃부리)이 가장 아름답고 빛이 난다는 의미로, **꽃부리**라는 뜻의 글자

쓰기: 英 英 英

韓國	中國	日本	英語
例	例	例	例
법식/규칙 례(예)	lì [리]	れい [레이]	example

比例(비례)
判例(판례)
例文(예문)
事例(사례)

임금님이 지나갈 때, 사람【亻 신하】들이 길 양편으로 벌려【列】엄숙하게 줄을 서 있는 것은 나중 사람들에게 좋은 본보기가 되는 **법식**이라는 뜻의 글자

쓰기: 例 例 例

韓國	中國	日本	英語
溫	温	温	溫
따뜻할 온	wēn [원]	おん [온]	warm

溫泉(온천)
溫冷(온랭)
溫度(온도)
溫故知新(온고지신)

목 마른 죄수【囚】에게 물【氵】을 그릇【皿】에 담아주는 따뜻한 마음을 나타내어, **따뜻하다**는 뜻의 글자

쓰기: 溫 溫 溫

韓國	中國	日本	英語
用	用	用	用
쓸 용	yòng [용]	よう [요오]	use

用度(용도)
用務(용무)
使用(사용)
利用(이용)

옛날 나라의 어려운 일이 있을 때는 점술가에게 맡겨 점을 치게 했는데, 점술가는 거북의 등을 불로 지져서 그 갈라진 금을 보고 점을 친 데서 나와, 점을 칠 때마다 거북이를 써서 했다는 의미로, **쓰다**는 뜻의 글자

쓰기: 用 用 用

韓國	中國	日本	英語
勇	勇	勇	勇
날랠/용감할 용	yǒng [용]	ゆう [유우]	brave

勇氣(용기)
勇敢(용감)
勇猛(용맹)
武勇(무용)

우물에서 물이 솟아【甬】오르듯 힘【力】이 용솟음치는 사람은 행동이 날째고 용맹하다는 의미로, **날째다**는 뜻의 글자

쓰기: 勇 勇 勇

정자(획순)	활용 단어	유래 과정 · 설명

運

運動(운동)
運轉(운전)
幸運(행운)
運營(운영)

옛날 전쟁으로 영토를 넓히는 중요한 일은 전차와 군사【軍】들이 움직여서【辶】 이루어진다는 의미로, **움직인다**라는 뜻의 글자

韓國	中國	日本	英語	쓰기
運	运	運	運	運 運 運

옮길/움직일 운 | yùn [윈] | うん [운] | transport

遠

遠近(원근)
遠隔(원격)
遠洋(원양)
望遠鏡(망원경)

옷을 챙겨 가지고 가야 할 만큼, 먼 길을【袁 늘어지게 멀리】 떠나가는【辶】 것을 나타내어, **멀다**라는 뜻의 글자

韓國	中國	日本	英語	쓰기
遠	远	遠	遠	遠 遠 遠

멀 원 | yuǎn [위안] | えん [엔] | far

園

公園(공원)
庭園(정원)
園藝(원예)
樂園(낙원)

치렁치렁 장신구가 달린 옷【袁】처럼 울타리【口】 안에 온갖 과일들이 주렁주렁 매달려 있는 곳은 **동산**이라는 뜻의 글자

韓國	中國	日本	英語	쓰기
園	园	園	園	園 園 園

동산/뜰 원 | yuán [위엔] | えん [엔] | garden

由

由來(유래)
理由(이유)
自由(자유)
事由(사유)

밭에 조그마한 싹이 나중에 곡식(열매)이 되는 것으로, 곡식은 밭의 싹에서 **말미암아 된다**라는 뜻의 글자 *말미암다 : 이유가 된다.

韓國	中國	日本	英語	쓰기
由	由	由	由	由 由 由

말미암을/행할 유 | yóu [여우] | ゆ [유] | cause

油

石油(석유)
油田(유전)
輕油(경유)
食用油(식용유)

물 수【氵】와 말미암을 유【由】가 합쳐진 글자로, 열매 속의 씨를 짜낸 물(액체)이 **기름**이라는 의미의 글자

韓國	中國	日本	英語	쓰기
油	油	油	油	油 油 油

기름 유 | yóu [여우] | ゆ [유] | oil

정자(획순)	활용 단어	유래 과정 · 설명

6급 21회

銀 ⑭

金銀(금은)
銀行(은행)
銀河(은하)
銀色(은색)

金 → 金 → 金 → 銀

옛날 사람들이 귀하게 여긴 은【銀】은 무한정 있는 것이 아니라는 의미로, 은을 뜻하는 글자

韓國	中國	日本	英語
銀	银	銀	銀
은 은	yín [인]	ぎん [긴]	silver

쓰기: 銀 銀 銀

音 ⑨

音樂(음악)
音盤(음반)
錄音(녹음)
音聲(음성)

 → → 音 → 音

혀가 움직이며 입안에서 나오는 것이 **소리**라는 뜻의 글자

韓國	中國	日本	英語
音	音	音	音
소리 음	yīn [인]	おん [온]	sound

쓰기: 音 音 音

飲 ⑬

飮食(음식)
飮酒(음주)
過飮(과음)
飮料水(음료수)

食 → 食 → 食 → 飲

밥 식【食】과 하품 흠【欠】이 합쳐진 글자로, 밥 먹을 때처럼 하품을 하듯 입을 크게 벌리고 물이나 술 같은 것을 **마신다**라는 뜻의 글자

韓國	中國	日本	英語
飮	饮	飮	飮
마실 음	yǐn [인]	いん [인]	drink

쓰기: 飮 飮 飮

衣 ⑥

衣服(의복)
衣裳(의상)
衣類(의류)
白衣民族(백의민족)

→ 衣 → 衣 → 衣

옛날 사람들이 입던 치렁치렁하고 긴 옷의 모양을 나타내어 **옷**을 뜻하는 글자

韓國	中國	日本	英語
衣	衣	衣	衣
옷 의	yī [이]	い [이]	clothes

쓰기: 衣 衣 衣

意 ⑬

意見(의견)
意思(의사)
故意(고의)
同意(동의)

→ 音 → 音 → 意
→ 心 → 意

마음【心】속의 생각을 소리【音】(말)로서 나타내는 것이 그 사람의 **뜻**이라는 의미의 글자

韓國	中國	日本	英語
意	意	意	意
뜻 의	yì [이]	い [이]	meaning

쓰기: 意 意 意

정자(획순)	활용 단어	유래 과정 · 설명

6급 22회

醫

醫師(의사)
醫院(의원)
醫藥(의약)
名醫(명의)

술병의 술【酉=痲醉劑】로 소독, 마취를 시키고 치료 상자【匚】에서 도구【矢】를 꺼내 상처를 치료【殳】하는 사람이 **의원**이라는 뜻의 글자

韓國	中國	日本	英語	쓰기
醫	医	医	醫	醫
의원 의	yī [이]	い [이]	doctor	

者

强者(강자)
富者(부자)
學者(학자)
讀者(독자)

옛날 노인【老】이 나이 어린 사람을 낮추어 말【白】할 때 '이놈', '저놈'하고 말하던 데서, **사람·놈**을 뜻하는 글자

韓國	中國	日本	英語	쓰기
者	者	者	者	者
놈/사람 자	zhě [져]	しゃ [샤]	person	

作

作家(작가)
作品(작품)
作業(작업)
作曲(작곡)

사람【亻】이 보금자리인 집을 지을 때, 잠깐【乍 잠깐 사】 사이에 기둥과 지붕을 올려서 쉬지 않고 열심히 짓는 모양으로, **짓는다**는 뜻의 글자

韓國	中國	日本	英語	쓰기
作	作	作	作	作
지을 작	zuò [쭈어]	さく [사쿠]	make	

昨

昨年(작년)
昨今(작금)
再昨年(재작년)

날 일【日】과 잠깐 사【乍】가 합쳐진 글자로, 하루가 잠깐 사이에 지나가 버린 것을 나타내어, 지나간 날이 **어제**라는 뜻의 글자

韓國	中國	日本	英語	쓰기
昨	昨	昨	昨	昨
어제/옛날 작	zuó [주어]	さく [사쿠]	yesterday	

章

文章(문장)
勳章(훈장)
印章(인장)
憲章(헌장)

어떤 글의 뜻을 알기 위해 큰 소리【音】로 열【十】 번은 읽어야 한다는 의미로, **글**이라는 뜻의 글자

韓國	中國	日本	英語	쓰기
章	章	章	章	章
글 장	zhāng [쨍]	しょう [쇼오]	sentence	

정자(획순)	활용 단어	유래 과정·설명

才 ③

天才(천재)
英才(영재)
才能(재능)
才質(재질)

韓國	中國	日本	英語
才	才	才	才
재주 재	cái [차이]	さい [사이]	talent

막 태어난 새싹은 힘이 미약하지만, 장차 크게 될 능력(재주)이 있다는 의미로, **재주**라는 뜻의 글자

쓰기 才

나는 장차 커서 커다란 나무가 되어 홍수를 막아낼꺼야

在

在庫(재고)
存在(존재)
現在(현재)
在職(재직)

韓國	中國	日本	英語
在	在	在	在
있을 재	zài [짜이]	ざい [자이]	existence

어린 싹【子 종자】이 땅【土】속에 뿌리를 내려 계속 그 자리에서 존재하며 자라고 있다는 의미로, **있다**라는 뜻의 글자

쓰기 在

나도 여기에 계속 있으면 아저씨 처럼 커져요?

그럼~

戰

戰爭(전쟁)
作戰(작전)
戰鬪(전투)
戰友(전우)

韓國	中國	日本	英語
戰	战	戦	戰
싸움 전	zhàn [짠]	せん [센]	fight

선봉 장군【單】의 창【戈】과 적의 창【戈】이 맞부딪쳐 전쟁이 시작된다는 의미로, **전쟁**이라는 뜻의 글자

쓰기 戰

定 ⑧

決定(결정)
定着(정착)
安定(안정)
定員(정원)

韓國	中國	日本	英語
定	定	定	定
정할 정	dìng [띵]	てい [데이]	settle

집【宀】 안에서 물건의 위치를 정하고 각 사람이 해야 할 일 【疋 각각 발길이 닿는 곳】을 정한다는 의미로, **정하다**라는 뜻의 글자

쓰기 定

자~
엄마는 부엌을, 아빠는 서재, 그리고, 쇼핑이는 각자 자기 방을 정리 하세요.

庭 ⑩

家庭(가정)
親庭(친정)
庭園(정원)
校庭(교정)

韓國	中國	日本	英語
庭	庭	庭	庭
뜰/집안 정	tíng [팅]	てい [데이]	garden

신하【士】들이 길게【廴】 늘어 서 있는 조정의 마당에 비를 맞지 않도록 지붕【广】을 덮은 모양으로, 조정의 **마당**(뜰)이라는 뜻의 글자 *조정: 임금과 신하들이 나라 일을 보는 곳

쓰기 庭

사 아 아

정자(획순)	활용 단어	유래 과정 · 설명

6급 24회

第

及第(급제)
落第(낙제)
第一(제일)

옛날 대나무【竹】에 글을 쓴 죽간을 차례차례 아래【弟】로 엮어 나간 모양에서, **차례**라는 뜻의 글자

韓國	中國	日本	英語
第	第	第	第
차례 제	dì [띠]	だい [다이]	order

쓰기 第 第 第

題

問題(문제)
宿題(숙제)
題目(제목)
課題(과제)

옳을 시【是】와 머리 혈【頁】을 합친 글자로, 머리말을 옳고 바르게 써서 나타낸 것이 **제목**이라는 뜻의 글자

韓國	中國	日本	英語
題	題	題	題
제목 제	tí [티]	だい [다이]	subject

쓰기 題 題 題

朝

朝夕(조석)
朝會(조회)
朝貢(조공)
朝三暮四(조삼모사)

서쪽으로 달【月】이 사라지고 동쪽에서 해【日】가 떠오르는 모양으로, 날이 밝아오는 **아침**을 뜻하는 글자

韓國	中國	日本	英語
朝	朝	朝	朝
아침 조	zhāo [짜오]	ちょう [조오]	morning

쓰기 朝 朝 朝

族

民族(민족)
部族(부족)
親族(친족)
同族(동족)

적을 막기 위해 화살【矢】을 들고 같은 깃발【方】 아래서 뭉쳐 있는 사람들이 같은 민족, 같은 **겨레**라는 뜻의 글자

韓國	中國	日本	英語
族	族	族	族
겨레/무리 족	zú [주]	ぞく [조쿠]	tribe

쓰기 族 族 族

注

注意(주의)
注文(주문)
注目(주목)
注油所(주유소)

농사를 지을 때 가장 중요한【主 중심이 되는】 물【氵】을 끌어와야 한다는 의미로, **물대다**라는 뜻의 글자

韓國	中國	日本	英語
注	注	注	注
부을/물댈 주	zhù [쭈]	ちゅう [츄우]	irrigate

쓰기 注 注 注

정자(획순)	활용 단어	유래 과정 · 설명

晝

晝夜(주야)
晝間(주간)
白晝(백주)
晝耕夜讀(주경야독)

붓【聿】으로 해【日】가 뜨고 지는 경계선【一】을 그어 놓고, 밤과 구분하여
해가 있는 쪽이 **낮**이라는 뜻의 글자

韓國	中國	日本	英語
晝	昼	昼	晝
낮 주	zhòu [쩌우]	ちゅう [츄우]	daytime

쓰기: 晝 晝 晝

集

集合(집합)
集團(집단)
召集(소집)
集會(집회)

울창한 나무【木】가 여러 새【隹】들을 모은다는 의미로,
모으다라는 뜻의 글자

韓國	中國	日本	英語
集	集	集	集
모을 집	jí [지]	しゆう [슈우]	gather

쓰기: 集 集 集

窓

窓門(창문)
窓口(창구)
同窓(동창)
鐵窓(철창)

구멍 혈【穴】과 사사로울 사【厶】와 마음 심【心】이 합쳐진 글자로,
높다란 집에 난 창살이 있는 창문의 모양으로 **창**을 뜻하는 글자

韓國	中國	日本	英語
窓	窗	窓	窓
창 창	chuāng [추앙]	そう [소우]	window

쓰기: 窓 窓 窓

淸

淸掃(청소)
淸算(청산)
淸純(청순)
百年河淸(백년하청)

물【氵】이 깨끗하여 푸른【靑】색이 있으면 아주 맑은 것이라는 의미에서,
맑다라는 뜻의 글자

韓國	中國	日本	英語
淸	清	清	淸
맑을 청	qīng [칭]	せい [세이]	clear

쓰기: 淸 淸 淸

體

體育(체육)
身體(신체)
體溫(체온)
體力(체력)

사람의 신체【몸】는 뼈와 살【骨】이 여러 군데 풍성【豊】하게 붙어 이루어진 것으로,
살아 있는 사람의 **몸**을 뜻하는 글자

韓國	中國	日本	英語
體	体	体	體
몸 체	tǐ [티]	たい [타이]	body

쓰기: 體 體 體

정자(획순)	활용 단어	유래 과정 · 설명

親

親舊(친구)
親族(친족)
兩親(양친)
親權(친권)

부모가 자식 걱정으로 나무【木】 위에 올라가 서서【立】 지켜보고【見】 있는 모양으로, 부모가 자식과 가장 **친하다**라는 뜻의 글자

韓國	中國	日本	英語
親	亲	親	親

| 친할 친 | qīn [친] | しん [신] | intimate |

쓰기: 親 親 親

太

太陽(태양)
太極(태극)
太白(태백)
太平(태평)

6급 26회

큰 대【大】를 2개 합쳐서 같은 글자를 점으로 나타낸 모양으로, 엄청 **크다**라는 뜻의 글자

韓國	中國	日本	英語
太	太	太	太

| 클 태 | tài [타이] | たい [다이] | big |

쓰기: 太 太 太

通

交通(교통)
通話(통화)
通信(통신)
通帳(통장)

조그만 우물에서 솟아나온 물【甬】이 조금씩 자꾸 흘러가서【辶】 강이나 바다까지 **통한다**라는 뜻의 글자

韓國	中國	日本	英語
通	通	通	通

| 통할 통 | tōng [통] | つう [쯔으] | pass through |

쓰기: 通 通 通

特

特別(특별)
特級(특급)
特殊(특수)
特許(특허)

옛날 관청【寺 절】에서는 몸집이 크고 튼튼한 소【牛 종자 소】를 따로 길러, 그 새끼를 농가에 나누어 주어 농사를 잘 지을 수 있게 했는데, 이렇게 일반 소와 달리 관청에서 키우는 특별한 소라는 의미로, **특별하다**라는 뜻의 글자

韓國	中國	日本	英語
特	特	特	特

| 특별할 특 | tè [트어] | とく [토쿠] | special |

쓰기: 特 特 特

表

表現(표현)
表情(표정)
發表(발표)
表紙(표지)

털 모【毛】와 옷 의【衣】가 합쳐진 글자로, 옛날 짐승의 털(가죽)을 옷처럼 겉에 두르고 다녀 **거죽**을 뜻하는 글자

韓國	中國	日本	英語
表	表	表	表

| 겉/바깥 표 | biǎo [비아오] | ひょう [효오] | surface |

쓰기: 表 表 表

정자(획순)	활용 단어	유래 과정·설명

風	風景(풍경) 風樂(풍악) 風俗(풍속) 颱風(태풍)

→ → 風 → 風

땅속【几】에 있는 벌레【虫】가 숨을 쉬며 살 수 있게 하는 것은 **바람**이라는 뜻의 글자

韓國	中國	日本	英語	쓰기
風	风	風	風	風 風 風
바람 풍	fēng [펑]	ふう [후우]	wind	

合	合計(합계) 集合(집합) 合同(합동) 合格(합격)

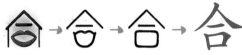 → 合 → 合 → 合

집안【人】에서 회의를 할 때 여러 의견의 입【口】을 하나【一】로 합쳐서 결정한다는 의미로, **합하다**라는 뜻의 글자

韓國	中國	日本	英語	쓰기
合	合	合	合	合 合 合
합할 합	hé [흐어]	ごう [고오]	unite	

行	行動(행동) 運行(운행) 行事(행사) 行爲(행위)

→ → 行 → 行

네거리【十】로 된 길의 모양으로, 어떤 방향으로도 갈 수【彳】 있고 무엇이든지 행할 수 있다는 의미에서 행하다 · **가다**라는 뜻의 글자 *다른 뜻: 항렬 항

韓國	中國	日本	英語	쓰기
行	行	行	行	行 行 行
다닐/행할 행	xíng [씽]	こう [코오]	go	

幸	幸福(행복) 多幸(다행) 不幸(불행) 幸運(행운)

 → 夭 → 土 → 幸

→ → → 幸

젊은 나이에 죽게 될 운명이었는데, 그것을 거스르고(따르지 않고) 오래 살게 되어 **다행**이라는 뜻의 글자

韓國	中國	日本	英語	쓰기
幸	幸	幸	幸	幸 幸 幸
다행/행복 행	xìng [씽]	こう [코오]	fortunate	

向	向上(향상) 向後(향후) 向方(향방) 趣向(취향)

→ 向 → 向 → 向

집을 지을 때 출입을 하는 입구【口】는 따뜻한 남쪽을 향하게 한다는 의미로, **향하다**라는 뜻의 글자

韓國	中國	日本	英語	쓰기
向	向	向	向	向 向 向
향할 향	xiàng [시앙]	こう [코오]	face	

정자(획순)	활용 단어	유래 과정·설명

現

現在(현재)
現金(현금)
表現(표현)
實現(실현)

韓國	中國	日本	英語
現	現	現	現

나타날 현 | xiàn [시엔] | げん [겐] | appear

옥돌【玉】을 윤이 나게 갈고닦아 가만히 보고【見】 있으면, 표현할 수 없는 아름답고 찬란한 빛이 그 속에 **나타난다**라는 뜻의 글자

쓰기 現

形

形式(형식)
形成(형성)
外形(외형)
人形(인형)

韓國	中國	日本	英語
形	形	形	形

모양/형상 형 | xíng [씽] | けい [케이] | form

평평하게 붙여 놓은 방패【开】에 비친 여자의 얼굴【彡】 형상을 나타내 **형상**이라는 뜻의 글자

쓰기 形

號

番號(번호)
口號(구호)
商號(상호)
號外(호외)

韓國	中國	日本	英語
號	号	号	號

이름/부르짖을 호 | hào [하오] | ごう [고오] | shout

멀리 있는 사람의 이름을 크게 부르는【号】 것처럼 호랑이【虎】가 크게 울음을 부르짖는다는 의미로, **부르짖다**라는 뜻의 글자

쓰기 號

和

平和(평화)
調和(조화)
和睦(화목)
和解(화해)

韓國	中國	日本	英語
和	和	和	和

화할/화목할 화 | hé [흐어] | わ [와] | peaceful

곡식【禾】을 사이좋게 나누어 먹으니【口】 서로 화목해진다는 의미로, **화목하다**라는 뜻의 글자

쓰기 和

畵

畵家(화가)
漫畵(만화)
映畵(영화)
畵室(화실)

韓國	中國	日本	英語
畵	画	画	畵

그림 화 | huà [후아] | が [가] | draw

누구의 밭【田】인지 구분하기 위해 지도【一】에 붓【聿】으로 경계를 그어 그림을 그린다는 의미로, **그림**이라는 뜻의 글자 *다른 뜻: 그을 획

쓰기 畵

정자(획순)	활용 단어	유래 과정 · 설명

黃 ⑫

黃金(황금)
黃昏(황혼)
黃土(황토)
天地玄黃(천지현황)

韓國	中國	日本	英語
黃	黄	黄	黃
누를 황	huáng [후앙]	こう [코오]	yellow

光+田 → 茣 → 黃 → 黃

빛 광【光】과 밭 전【田】을 합친 모양으로, 밭의 빛깔은 황토색이라는 의미에서 **누렇**다라는 뜻의 글자

쓰기 黃 黃 黃

會 ⑬

會議(회의)
會食(회식)
會計(회계)
會費(회비)

韓國	中國	日本	英語
會	会	会	會
모일/모을 회	huì [후에이]	かい [카이]	meet

→ 會 → 會 → 會

그릇 뚜껑과 음식물(밥) 그리고 그릇의 전혀 다른 생김새의 3가지가 모여서 하나가 된 모양으로, **모으**다라는 뜻의 글자

쓰기 會 會 會

訓 ⑩

訓練(훈련)
訓戒(훈계)
訓放(훈방)
家訓(가훈)

韓國	中國	日本	英語
訓	训	訓	訓
가르칠 훈	xùn [쒼]	くん [군]	instruct

 → 呂 → 言
 → /// → 川 → 訓

냇물【川】이 순리에 따라 위에서 아래로 흐르듯, 윗사람이 아랫사람에게 말【言】로써 모든 것을 **가르치**다라는 뜻의 글자

쓰기 訓 訓 訓

정자(획순)	활용 단어	유래 과정 · 설명

郡

郡民 (군민)
郡守 (군수)
郡界 (군계)
郡廳 (군청)

임금이 다스리는 백성이 모여 살고 있는 고을(마을)의 이름을 군이라고 부르는 데서, **고을**이라는 뜻의 글자

韓國	中國	日本	英語
郡	郡	郡	郡
고을 군	jùn [쮠]	ぐん [군]	county

쓰기 郡 郡 郡

級

級友 (급우)
學級 (학급)
等級 (등급)
階級 (계급)

실이 차례차례로 이어져 옷감(베)이 되는데, 실이 짜여지는 차례에 따라 좋은 옷감과 나쁜 옷감으로 등급이 나누어진다는 의미로, **등급**이라는 뜻의 글자

나쁜옷감 좋은옷감

韓國	中國	日本	英語
級	級	級	級
등급 급	jí [지]	きゅう [큐]	class

쓰기 級 級 級

李

李朝 (이조)
李氏 (이씨)
李花 (이화)
桃李 (도리)

나무 목【木】과 아들 자【子】를 합친 글자. 어린이가 자두(오얏) 나무에서 노는 모양으로, **오얏**을 뜻하는 글자 *오얏은 자두의 옛말

韓國	中國	日本	英語
李	李	李	李
오얏/성 리	lǐ [리]	り [리]	plum

쓰기 李 李 李

朴

朴氏 (박씨)
素朴 (소박)
淳朴 (순박)
厚朴 (후박)

옛날 점을 칠 때, 불에 자연스럽게 갈라진 거북 등의 금(선)같이 나무껍질이 있는 그대로 순수, 순박한 것을 나타내는데, 우리나라에서는 성씨로도 쓰여 **성씨**를 뜻하는 글자

韓國	中國	日本	英語
朴	朴	朴	朴
성 박	Piáo [피아오]	ぼく [보쿠]	mily name

쓰기 朴 朴 朴

班

班長 (반장)
兩班 (양반)
班常 (반상)

옥 구슬을 칼로 쪼개어 반씩 나눈 모양으로, **나누다**라는 뜻의 글자

韓國	中國	日本	英語
班	班	班	班
나눌 반	bān [빤]	はん [한]	class

쓰기 班 班 班

6급
빠진 한자
1회

정자(획순)	활용 단어	유래 과정 · 설명

社 ⑧

社員(사원)
會社(회사)
本社(본사)
支社(지사)

韓國	中國	日本	英語
社	社	社	社
모일 사	shè [셔]	しゃ [샤]	society

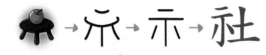

옛날에는 땅이 가장 귀중하여, 토지(땅)를 수호하는 신에게 제사를 지낼 때는 많은 사람들이 제사를 보기 위해 모인다는 의미로, **모인다**라는 뜻의 글자

쓰기 社 社 社

術 ⑪

美術(미술)
技術(기술)
話術(화술)
術策(술책)

韓國	中國	日本	英語
術	术	術	術
재주 술	shù [슈]	じゅつ [쥬츠]	artifice

갈 행【行】과 삽주 출【朮】이 합쳐진 글자로, 연약한 삽주풀의 뿌리가 재주부리듯 사방으로 뻗어 나가는 모양으로, **재주**라는 뜻의 글자

뿌리야~ 멀리멀리 퍼져라~

쓰기 術 術 術

정자(획순)	활용 단어	유래 과정 · 설명

可

可能(가능)
許可(허가)
認可(인가)
不可(불가)

可 → 可 → 可

상대방 말에 허리를 굽히고 입【口】을 크게 벌려 옳다고【丁】 하는 모습으로, **옳다**라는 뜻의 글자

韓國	中國	日本	英語
可	可	可	可
옳을 가	kě [크어]	か [카]	right

쓰기 可 可 可

加

加入(가입)
加算(가산)
增加(증가)
參加(참가)

→ 加 → 加 → 加

입【口】으로 하는 말에 힘【力】을 쓴다는 의미로, 남을 설득하기 위해 말을 많이 **더한다**라는 뜻의 글자

韓國	中國	日本	英語
加	加	加	加
더할 가	jiā [지아]	か [카]	add

쓰기 加 加 加

價

價格(가격)
單價(단가)
評價(평가)
物價(물가)

→ 價 → 價 → 價

사람【亻】들이 귀한 술을 사고팔 때, 돈으로 사용한 큰 조개 · 작은 조개【貝】를 주고받아 그 값(가치)을 정한 데서 **값**이라는 뜻의 글자

韓國	中國	日本	英語
價	价	価	價
값 가	jià [찌아]	か [카]	value

쓰기 價 價 價

改

改善(개선)
改定(개정)
改革(개혁)

→ 改 → 改 → 改

자신의 몸【己】을 회초리로 다스려【攵】 스스로의 잘못을 고친다는 의미로, **고치다**라는 뜻의 글자

韓國	中國	日本	英語
改	改	改	改
고칠 개	gǎi [가이]	かい [카이]	improve

쓰기 改 改 改

客

主客(주객)
客室(객실)
旅客(여객)
顧客(고객)

→ 客 → 客 → 客

생일 초대를 하는 집【宀】으로 제각각【各】 찾아오는 사람들이 **손님 · 손**이라는 뜻의 글자 *손: 손님의 의미

韓國	中國	日本	英語
客	客	客	客
손 객	kè [크어]	きゃく [갸쿠]	guest

쓰기 客 客 客

정자(획순)	활용 단어	유래 과정 · 설명

去

去來(거래)
過去(과거)
退去(퇴거)
撤去(철거)

韓國	中國	日本	英語
去	去	去	去
갈 거	qù [취]	きょ [쿄]	leave

→ 去 → 去 → 去

본래 살던 곳(집)에서 떠나가는 모양을 나타내어, **가다**라는 뜻의 글자
*다른 뜻: 살던 세상에서 떠나는 죽음의 뜻과 물건을 버리다, **없애다**라는 뜻도 있음

쓰기: 去　去　去

擧

選擧(선거)
科擧(과거)
擧行(거행)
輕擧妄動(경거망동)

韓國	中國	日本	英語
擧	举	挙	擧
들 거	jǔ [쥐]	きょ [쿄]	hold

→ → → 擧

어떤 일에 마음이 움직여 모두가 더불어【與】손【手】을 높이 들고 일어난다는 의미로,
들다라는 뜻의 글자

쓰기: 擧　擧　擧

5급 2회

建

建設(건설)
建立(건립)
建物(건물)
建議(건의)

韓國	中國	日本	英語
建	建	建	建
세울 건	jiàn [찌엔]	けん [켄]	build

→ 建 → 建 → 建

붓【聿】으로 두루마리 끝까지 글을 길게【廴 끌 인】써서 계획을 세운다는 의미로,
세우다라는 뜻의 글자

쓰기: 建　建　建

見

發見(발견)
見學(견학)
見本(견본)
見習(견습)

韓國	中國	日本	英語
見	见	見	見
볼 견	jiàn [찌엔]	けん [켄]	see

→ 見 → 見 → 見

눈【目】과 사람의 다리【儿】로 만든 모양으로, 다리로 다가가서 눈으로
자세히 **본다**는 뜻의 글자 *다른 뜻: 뵈올 현

쓰기: 見　見　見

決

決斷(결단)
決心(결심)
決定(결정)
判決(판결)

韓國	中國	日本	英語
決	決	決	決
결단할/정할 결	jué [쥐에]	けつ [케쯔]	decide

저수지(못)의 물【氵】을 막아 놓은 둑을 열 때【夬 터놓을 쾌】에는 단단히 판단하여
잘 정해야 한다는 의미로, **정하다**라는 뜻의 글자

쓰기: 決　決　決

정자(획순)	활용 단어	유래 과정·설명

結

結果(결과)
團結(단결)
結婚(결혼)
連結(연결)

옛날, 공부를 많이 한 선비【士】가 하는 말【口】은 항상 옳고 좋은 것으로
그 가르침을 잊지 않기 위해 실【糸】로 매듭을 맺어 둔다는 의미에서 **맺다**라는 뜻의 글자

韓國	中國	日本	英語
結	结	結	結
맺을 결	jié [지에]	けつ [케쯔]	join

쓰기 結 結 結

5급 3회

敬

恭敬(공경)
敬老(경로)
尊敬(존경)
敬禮(경례)

양처럼 자기의 주위를 잘 살피고 예의에 어긋나지 않게【茍진실로 구】 자신을
매질【攵】하여 웃어른을 잘 섬긴다는 의미로, **공경하다**라는 뜻의 글자

韓國	中國	日本	英語
敬	敬	敬	敬
공경 경	jìng [찡]	けい [케이]	respect

쓰기 敬 敬 敬

景

景致(경치)
光景(광경)
風景(풍경)
夜景(야경)

해【日】가 떠올라 높은 언덕 위의 궁궐【京】을 비추면 멋지고 볼만한
경치가 된다는 의미로, **경치**라는 뜻의 글자

韓國	中國	日本	英語
景	景	景	景
볕/경치 경	jǐng [징]	けい [케이]	scenary

쓰기 景 景 景

輕

輕重(경중)
輕減(경감)
輕傷(경상)
輕視(경시)

베【巠】를 짜기 위해 실을 싣고 가는 마차【車】는 부피는 많아 보여도 가볍게
간다는 의미로, **가볍다**라는 뜻의 글자

韓國	中國	日本	英語
輕	轻	軽	輕
가벼울 경	qīng [칭]	けい [케이]	light

쓰기 輕 輕 輕

競

競爭(경쟁)
競賣(경매)
競走(경주)
競馬(경마)

두 사람【儿】이 서로 마주 보고 서서【立】 입【口】으로 말다툼을 하는 모양으로,
다투다라는 뜻의 글자

韓國	中國	日本	英語
競	竞	競	競
다툴 경	jìng [찡]	きょう [쿄오]	compete

쓰기 競 競 競

정자(획순)	활용 단어	유래 과정·설명

考

考査(고사)
考案(고안)
長考(장고)
考證(고증)

考 → 考 → 考

생각에 잠겨 있는 노인【老】의 지팡이에서 싹이 나고 풀이 자랄 정도로
깊이 생각하는 모양으로, **생각하다**라는 뜻의 글자 *다른 뜻: 상고할 고

韓國	中國	日本	英語	쓰기	
考	考	考	考	考	
생각할 고	kǎo [카오]	こう [쿄오]	think		

告

告知(고지)
告白(고백)
公告(공고)
宣告(선고)

→ 告 → 告 → 告

하늘에 기원을 드릴 때, 소 머리【牛】를 바치고 간절한 소망을 입【口】으로
크게 외쳐 하늘에 알렸다는 의미로, **알리다**라는 뜻의 글자

韓國	中國	日本	英語	쓰기	
告	告	告	告	告	
고할/알릴 고	gào [까오]	こく [코쿠]	tell		

5급
4회

固

固定(고정)
固執(고집)
固有(고유)
固守(고수)

→ 固 → 固 → 固

옛날【古】부터 내려오는 오래된 울타리【口】는 단단하고 굳다는 의미로,
굳다라는 뜻의 글자

韓國	中國	日本	英語	쓰기	
固	固	固	固	固	
굳을 고	gù [꾸]	こ [코]	firm		

曲

曲線(곡선)
作曲(작곡)
歌曲(가곡)
曲直(곡직)

→ 曲 → 曲 → 曲

큰 밭【田】의 두렁 길이 똑바르지 않고 이리저리 휘어져 굽어 있는 모양으로,
굽다라는 뜻의 글자

韓國	中國	日本	英語	쓰기	
曲	曲	曲	曲	曲	
굽을 곡	qū [취]	きょく [쿄쿠]	bent		

過

過失(과실)
過去(과거)
通過(통과)
謝過(사과)

→ 過

소용돌이치며 흘러가는【辶】 강물은 조금씩 지나가버린다는 의미로, **지나다**라는 뜻의 글자

韓國	中國	日本	英語	쓰기	
過	过	過	過	過	
지날/허물 과	guò [꾸어]	か [카]	pass		

정자(획순)	활용 단어	유래 과정·설명

課

課題(과제)
課外(과외)
課稅(과세)
日課(일과)

韓國	中國	日本	英語
課	课	課	課
공부할/부과할 과	kè [크어]	か [카]	tax

농사에서 나온 열매【果】가 얼마나 되는지 나라의 관리가 말【言】로 물어 세금을 매겨 부과한다는 의미로, **부과하다·공부하다**라는 뜻의 글자

쓰기 課 課 課

5급 5회

關

關係(관계)
關門(관문)
通關(통관)
關稅(관세)

韓國	中國	日本	英語
關	关	関	關
관계할/빗장 관	guān [꾸안]	かん [칸]	bolt

베틀로 베를 짤 때 왔다 갔다 하며 실을 풀어주는 북(실패)에 실【糸】을 끼워 넣는 것처럼 문짝【門】과 문짝을 연결시켜 주는 빗장【一】을 의미하여, **빗장·관계하다**라는 뜻의 글자

쓰기 關 關 關

觀

觀光(관광)
參觀(참관)
悲觀(비관)
觀察(관찰)

韓國	中國	日本	英語
觀	观	観	觀
볼 관	guān [꾸안]	かん [칸]	look

황새【雚황새 관】가 먹을 것을 찾기 위해 두리번거리며 주위를 살펴본다【見】는 의미로, **보다**라는 뜻의 글자

쓰기 觀 觀 觀

廣

廣場(광장)
廣告(광고)
廣野(광야)
廣義(광의)

韓國	中國	日本	英語
廣	广	広	廣
넓을 광	guǎng [꾸앙]	こう [코오]	broad

벽이 없이 터져 있는 집【广】은 들판의 누런 밭【田】처럼 **넓**다라는 뜻의 글자

쓰기 廣 廣 廣

橋

陸橋(육교)
大橋(대교)
浮橋(부교)
鐵橋(철교)

韓國	中國	日本	英語
橋	桥	橋	橋
다리 교	qiáo [치아오]	きょう [쿄오]	bridge

나무 목【木】과 높을 교【喬】가 합쳐진 글자로, 끝이 휘어지도록 높게 자란 나무를 잘라서 개울을 건널 수 있게 만든 **다리**를 의미하는 글자

쓰기 橋 橋 橋

정자(획순)	활용 단어	유래 과정·설명

救 ⑪

救出(구출)
救助(구조)
救護(구호)
救急(구급)

韓國	中國	日本	英語
救	救	救	救

구원할 구 | jiù [찌어우] | きゅう [큐우] | save

물에 빠진 사람에게 손에 든 막대기를 내밀어【攵】구출【求】한다는 의미로, **구원하다**라는 뜻의 글자

쓰기 救

舊 ⑱

新舊(신구)
舊式(구식)
復舊(복구)
親舊(친구)

韓國	中國	日本	英語
舊	旧	旧	舊

예/옛 구 | jiù [찌어우] | きゅう [큐우] | old

큰 눈썹【艹】는 두 눈의 변형】의 수리부엉이【隹】가 둥지【臼】에 앉아 있는 모습으로, 부엉이가 많이 살고 있던 때는 **옛날**이라는 뜻의 글자

쓰기 舊

5급 6회

局 ⑦

藥局(약국)
當局(당국)
局長(국장)
郵遞局(우체국)

韓國	中國	日本	英語
局	局	局	局

판 국 | jú [쥐] | きょく [쿄꾸] | bureau

어떤 일의 상태를 한 부분 한 부분 자【尺】로 잰 듯이 잘 판단하여 말【口】을 한다는 의미로, 부분·장면·**판**이라는 뜻의 글자

쓰기 局

貴 ⑫

貴族(귀족)
貴中(귀중)
貴下(귀하)
貴重品(귀중품)

韓國	中國	日本	英語
貴	贵	貴	貴

귀할 귀 | guì [꾸에이] | き [키] | noble

여러 가지 사물 가운데【中】 첫째【一】가는 재물(돈)【貝】이 가장 귀한 것이라는 의미로, **귀하다**라는 뜻의 글자

쓰기 貴

給 ⑫

給食(급식)
給水(급수)
供給(공급)
月給(월급)

韓國	中國	日本	英語
給	给	給	給

줄/공급할 급 | gěi [게이] | きゅう [큐우] | provide

밧줄을 만드는 사람에게 실【糸】을 모아【合】합쳐서 **준다**라는 의미에서 만들어진 글자

쓰기 給

정자(획순)	활용 단어	유래 과정·설명

己

自己(자기)
克己(극기)
利己(이기)
知己(지기)

손을 무릎 위에 올리고 꿇어앉아 있는 사람의 모양으로,
자신의 몸을 나타내어 **자기**라는 뜻의 글자

韓國	中國	日本	英語
己	己	己	己
몸/자기 기	jǐ [지]	き [키]	self

쓰기: 己 己 己

5급 7회

技

技術(기술)
妙技(묘기)
特技(특기)
技能(기능)

식물이나 나뭇가지【支】를 옮겨, 새로이 심을 때에는 죽지 않게 손【手】으로
잘 다루는 재주가 있어야 한다는 의미로, **재주**라는 뜻의 글자

韓國	中國	日本	英語
技	技	技	技
재주 기	jì [찌]	ぎ [기]	skill

쓰기: 技 技 技

基

基本(기본)
基礎(기초)
基準(기준)
基金(기금)

가마니【其 삼태기】로 흙【土】을 날라 집을 지을 기초가 되는 터(터전)를
만든다는 의미로, **터**를 뜻하는 글자

韓國	中國	日本	英語
基	基	基	基
터/기초 기	jī [지]	き [키]	base

쓰기: 基 基 基

期

期間(기간)
期約(기약)
期限(기한)
期待(기대)

그 기【其】와 달 월【月】이 합쳐진 글자로, 때를 말하는 정해진 그때를 가리켜
기약하다라는 뜻의 글자

韓國	中國	日本	英語
期	期	期	期
기약할 기	qī [치]	き [키]	expect

쓰기: 期 期 期

吉

吉凶(길흉)
吉夢(길몽)
不吉(불길)
吉日(길일)

훌륭한 선비【士】가 하는 말【口】은 옳고 길하다는 의미로, **길하다**라는 뜻의 글자
* 길하다: 나중에 행운이 생길 것 같은 좋은 느낌을 말함

韓國	中國	日本	英語
吉	吉	吉	吉
길할 길	jí [지]	きち [키찌]	lucky

쓰기: 吉 吉 吉

정자(획순)	활용 단어	유래 과정·설명

念

念 (⑧)

概念(개념)
記念(기념)
斷念(단념)
執念(집념)

韓國	中國	日本	英語
念	念	念	念
생각 념(염)	niàn [니엔]	ねん [넨]	think

이제 금【今】과 마음 심【心】이 합쳐진 글자로, 지금 마음속에 있는 것이 생각이라는 의미로, **생각하다**라는 뜻의 글자

쓰기 念 念 念

勞

勞 (⑫)

勞動(노동)
勞苦(노고)
勤勞(근로)
勞使(노사)

韓國	中國	日本	英語
勞	劳	労	勞
일할 로(노)	láo [라오]	ろう [로오]	labor

일꾼들이 밤이 새도록 불【火】을 밝게 켜 놓고 힘【力】껏 일을 하여 수고스럽다는 의미로, 수고롭다·**일하다**라는 뜻의 글자

쓰기 勞 勞 勞

5급
8회

能

能 (⑩)

能力(능력)
可能(가능)
本能(본능)
效能(효능)

韓國	中國	日本	英語
能	能	能	能
능할 능	néng [넝]	のう [노오]	ability

곰은 나무도 잘 타고 재주도 잘 넘고 다리 힘도 세어 모든 일에 **능하다**라는 뜻의 글자

쓰기 能 能 能

團

團 (⑭)

團結(단결)
團體(단체)
團長(단장)
團合(단합)

韓國	中國	日本	英語
團	团	団	團
둥글 단	tuán [투안]	だん [단]	mass, circle

오로지【專】한 가지 일을 위해 둥글게 모여서【口】뭉친다는 의미로, **둥글다**라는 뜻의 글자

쓰기 團 團 團

談

談 (⑮)

相談(상담)
談話(담화)
面談(면담)
會談(회담)

韓國	中國	日本	英語
談	谈	談	談
말씀 담	tán [탄]	だん [단]	converse

모닥불들의 불꽃【火】이 활활 타오르듯이 서로 훈훈하게 이야기【言】한다는 의미로, **말씀**이라는 뜻의 글자

쓰기 談 談 談

정자(획순)	활용 단어	유래 과정·설명

當 (13)

當然(당연)
當落(당락)
擔當(담당)
不當(부당)

韓國	中國	日本	英語
當	当	当	當
마땅 당	dāng [땅]	とう [도오]	suitable

높일 상【尙】과 밭 전【田】이 합쳐진 글자로, 곡물을 주는 밭의 가치를 높게 생각하는 것은 당연(마땅)하다는 의미로, **마땅하다**라는 뜻의 글자

쓰기 當 當 當

德 (15)

美德(미덕)
德談(덕담)
德行(덕행)
恩德(은덕)

韓國	中國	日本	英語
德	德	德	德
큰/덕 덕	dé [드어]	とく [토쿠]	virtue

마음【悳】을 곧게 하여 바르게 나아가는【彳】행동이 덕이라는 의미로, 덕을 뜻하는 글자

쓰기 德 德 德

到 (8)

到着(도착)
當到(당도)
到達(도달)
周到綿密(주도면밀)

韓國	中國	日本	英語
到	到	到	到
이를 도	dào [따오]	とう [도오]	reach

옛날, 먼 길을 떠날 때는 도적 떼 등이 나오는 위험한 곳이 많아 칼【刂 칼로 표시】을 지니고 가야【至】무사히 목적지에 도착할 수 있다는 의미로, **이르다**라는 뜻의 글자

쓰기 到 到 到

島 (10)

獨島(독도)
落島(낙도)
島嶼(도서)
韓半島(한반도)

韓國	中國	日本	英語
島	島	島	島
섬 도	dǎo [다오]	とう [도오]	island

사람은 가지 못해 살 수 없고 새【鳥의 획 줄임】만 살고 있는 바다의 섬【山】을 의미하여, 섬이라는 뜻의 글자

쓰기 島 島 島

都 (12)

都市(도시)
都賣(도매)
首都(수도)
都邑(도읍)

韓國	中國	日本	英語
都	都	都	都
도읍 도	dū [뚜]	と [토]	city

고을【阝】중에서 아주 많은 사람【者】이 모여 사는 곳이 도회지(도시), 도읍(수도)라는 의미로, **도읍**을 뜻하는 글자

쓰기 都 都 都

정자(획순)	활용 단어	유래 과정 · 설명

獨

單獨(단독)
獨身(독신)
獨立(독립)
孤獨(고독)

개【犭】와 닭【蜀】은 만나기만 하면 싸우므로 함께 있지 못하게 따로따로 떼어서 홀로 있게 한다는 의미로, **홀로**라는 뜻의 글자

韓國	中國	日本	英語
獨	独	独	獨
홀로 독	dú [두]	どく [도쿠]	alone

쓰기 獨 獨 獨

落

落葉(낙엽)
落下(낙하)
落後(낙후)
落木寒天(낙목한천)

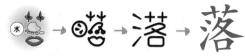

비가 와서 초목의 잎【艸】들에서 물방울【氵】이 하나둘 제각기【各】 흩어져 떨어지는 모양으로, **떨어지다**라는 뜻의 글자

韓國	中國	日本	英語
落	落	落	落
떨어질 락(낙)	luò [루어]	らく [라쿠]	fall

쓰기 落 落 落

5급 10회

冷

溫冷(온랭)
冷水(냉수)
冷情(냉정)
冷凍(냉동)

윗사람이 내리는 명령【令】은 엄하고 얼음【冫】과 같이 차다는 의미로, **차다**라는 뜻의 글자

韓國	中國	日本	英語
冷	冷	冷	冷
찰 랭(냉)	lěng [렁]	れい [레에]	cold

쓰기 冷 冷 冷

良

良心(양심)
改良(개량)
不良(불량)
良好(양호)

곡식을 넣는 체를 손으로 흔들어 좋은【良】 것만 밑으로 가려내는 모양으로, **좋다 · 어질다**라는 의미의 글자

韓國	中國	日本	英語
良	良	良	良
어질 량(양)	liáng [리앙]	りょう [료오]	good

쓰기 良 良 良

量

數量(수량)
多量(다량)
測量(측량)
計量(계량)

옛날 사람들이 마을을 몇 개 지나왔는지를 가지고 거리를 헤아린 데서 나온 말로, 하루【一】에 걸어갈 수 있는 마을【里】의 수, 즉 이수(里數)를 말【日】로서 헤아려 본다는 의미로, **헤아리다**라는 뜻의 글자

韓國	中國	日本	英語
量	量	量	量
헤아릴 량(양)	liáng [리앙]	りょう [료오]	quantity

쓰기 量 量 量

정자(획순)	활용 단어	유래 과정 · 설명

歷

歷史(역사)
經歷(경력)
學歷(학력)
履歷書(이력서)

韓國	中國	日本	英語	쓰기
歷	历	歷	歷	歷 歷 歷
지날 력(역)	lì [리]	れき [레키]	pass through	

언덕【厂】끝까지 벼【禾】를 차곡차곡 쌓아올리듯【止】오랜 세월 동안 인간은 많은 일을 겪고 발자취를 남기며 지내 왔다는 의미로, **지내다**라는 뜻의 글자

練

練習(연습)
洗練(세련)
訓練(훈련)
修練(수련)

韓國	中國	日本	英語	쓰기
練	练	練	練	練 練 練
익힐 련(연)	liàn [리엔]	れん [렌]	drill	

실【糸】꾸러미에서 나쁜 것을 분별해 내기【柬 가릴 간】위해 잿물에 삶아 반복하여 익힌다는 의미로, **익히다**라는 뜻의 글자

5급 11회

令

命令(명령)
號令(호령)
待令(대령)
拘束令狀(구속영장)

韓國	中國	日本	英語	쓰기
令	令	令	令	令 令 令
하여금 령(영)	lìng [링]	れい [레에]	order	

집(단체)의 높은 사람【人】이 칼을 들고 아래 사람들을 무릎 꿇리고【卩】명령하는 모양으로, **명령하다**라는 뜻의 글자

領

占領(점령)
領土(영토)
領收證(영수증)
大統領(대통령)

韓國	中國	日本	英語	쓰기
領	领	領	領	領 領 領
거느릴 령(영)	lǐng [링]	りょう [료오]	lead	

명령【令】을 내리는 우두머리는 많은 사람【頁 머리】들을 거느린다는 의미로, **거느리다**라는 뜻의 글자

料

料金(요금)
料理(요리)
資料(자료)
原料(원료)

韓國	中國	日本	英語	쓰기
料	料	料	料	料 料 料
헤아릴 료(요)	liào [리아오]	りょう [료오]	estimate	

쌀 미【米】와 말 두【斗】가 합쳐진 글자로, 쌀을 말로 담아 되질한다는 의미로, **헤아리다**라는 뜻의 글자 *말: 자루 달린 국자로 용량을 재는 기구

정자(획순)	활용 단어	유래 과정 · 설명

流

上流(상류)
電流(전류)
流行(유행)
流出(유출)

엄마 뱃속에서 아기가 나올 때는 냇가【川】에서 물【氵】이 흐르듯
부드러운 양수와 함께 **흘러나온다**라는 뜻의 글자

韓國	中國	日本	英語	쓰기	
流	流	流	流		流　流　流
흐를 류(유)	liú [리어우]	りゅう [류우]	flow		

馬

馬車(마차)
乘馬(승마)
競馬(경마)
馬力(마력)

갈기를 휘날리며 뛰어가는 말의 모양으로, **말**을 뜻하는 글자

韓國	中國	日本	英語	쓰기	
馬	马	馬	馬		馬　馬　馬
말 마	mǎ [마]	ば [바]	horse		

末

末期(말기)
週末(주말)
末端(말단)
末世(말세)

나무 목【木】 위에 끝 부분을 가리키는【一】을 표시한 모양으로,
끝을 뜻하는 글자

韓國	中國	日本	英語	쓰기	
末	末	末	末		末　末　末
끝 말	mò [모어]	まつ [마쯔]	final		

亡

死亡(사망)
亡命(망명)
逃亡(도망)
亡身(망신)

잘못을 저질러 망한 사람이 남 앞으로 나오지 못하고 담 뒤에 숨어 있는
모양으로, **죽다 · 망하다**라는 뜻의 글자

韓國	中國	日本	英語	쓰기	
亡	亡	亡	亡		亡　亡　亡
망할 망	wáng [왕]	ぼう [보오]	ruin		

望

希望(희망)
野望(야망)
觀望(관망)
慾望(욕망)

높은 언덕【壬 오똑할 정】에 올라가 달【月】을 바라보며, 망【亡】하여 떠난 사람이 돌아오기를
간절히 **바란다**라는 의미의 글자

韓國	中國	日本	英語	쓰기	
望	望	望	望		望　望　望
바랄 망	wàng [왕]	ぼう [보오]	hope		

5급
12회

정자(획순)	활용 단어	유래 과정·설명

5급 13회

買(12)

賣買(매매)
購買(구매)
買收(매수)
不買(불매)

韓國	中國	日本	英語
買	买	買	買
살 매	mǎi [마이]	ばい [바이]	buy

그물【罒】로 조개【貝 조개는 화폐】를 잡는다는 의미로,
재물을 **사다**라는 뜻의 글자

쓰기 買

賣(15)

賣出(매출)
都賣(도매)
密賣(밀매)
賣盡(매진)

韓國	中國	日本	英語
賣	卖	売	賣
팔 매	mài [마이]	ばい [바이]	sell

사들인 조개【買 재물】를 다시【士는 出의 변형이다】 밖으로 꺼내놓아
판다라는 뜻의 글자

쓰기 賣

無(12)

有無(유무)
無料(무료)
無線(무선)
無效(무효)

韓國	中國	日本	英語
無	无	無	無
없을 무	wú [우]	む [무]	nothing

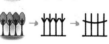 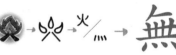

나무가 빽빽한 큰 숲도 불【灬】에 타면 모든 것이 다 **없어진다**라는 뜻의 글자

쓰기 無

法(8)

方法(방법)
法律(법률)
法則(법칙)
法院(법원)

韓國	中國	日本	英語
法	法	法	法
법 법	fǎ [파]	ほう [호오]	law

물【氵】이 아래로 흘러가듯【去】 사람이 순리대로 살아갈 수 있도록 만든 것이
법이라는 의미로, **법**이라는 뜻의 글자

쓰기 法

變(23)

變更(변경)
變心(변심)
變化(변화)
變動(변동)

韓國	中國	日本	英語
變	变	変	變
변할 변	biàn [삐엔]	へん [헨]	change

옛날, 베틀로 베를 짤 때, 날실【糸】과 씨실【糸】이 좌우로 오고 가며 옷감을 만든 것처럼,
말【言】이 자꾸 오고 가면 뒤에는 말(화제)이 바뀌어 변한다는 의미로, **변한다**라는 뜻의 글자

쓰기 變

정자(획순)	활용 단어	유래 과정 · 설명

兵

兵士(병사)
卒兵(졸병)
將兵(장병)
兵役(병역)

옛날 전쟁에서 군사들이 무기로 사용하던 도끼【斤】를 양손【八】으로 들고 있는 모양에서 **군사**라는 뜻의 글자

韓國	中國	日本	英語	쓰기
兵	兵	兵	兵	兵 兵 兵
병사/군사 병	bīng [삥]	へい [헤이]	soldier	

福

幸福(행복)
福券(복권)
祝福(축복)
福祉(복지)

집 안에 있는 귀중한 술과 밭【田】의 곡식으로 정성을 다하여 신【示】에게 제사를 지내면 복을 받는다는 의미로, **복**을 뜻하는 글자

韓國	中國	日本	英語	쓰기
福	福	福	福	福 福 福
복 복	fú [푸]	ふく [후쿠]	blessing	

5급
14회

奉

奉仕(봉사)
奉養(봉양)
奉祝(봉축)
信奉(신봉)

귀한 초목의 새싹이 잘 자라도록 양손【手】으로 잘 받들어【奉】 모시는 모양으로, **받들다**라는 뜻의 글자

韓國	中國	日本	英語	쓰기
奉	奉	奉	奉	奉 奉 奉
받들 봉	fèng [펑]	ほう [호오]	offer service	

比

比較(비교)
比率(비율)
比重(비중)
對比(대비)

두 사람을 나란히 세워 두고 서로를 **비교하다**라는 의미의 글자
*다른 뜻: 견줄 비

韓國	中國	日本	英語	쓰기
比	比	比	比	比 比 比
견줄/비교할 비	bǐ [비]	ひ [히]	compare	

鼻

鼻音(비음)
鼻炎(비염)
耳目口鼻(이목구비)

숨을 잘 들어마시기 위해 코를 잘 뚫어 호흡시켜주는 모양으로, **코**를 뜻하는 글자

韓國	中國	日本	英語	쓰기
鼻	鼻	鼻	鼻	鼻 鼻 鼻
코 비	bí [비]	び [비]	nose	

정자(획순)	활용 단어	유래 과정·설명

氷⑤

氷水(빙수)
結氷(결빙)
解氷(해빙)
氷山一角(빙산일각)

날씨가 추워져 물【水】이 꽁꽁 얼어【丶】붙은 것이 **얼음**이라는 뜻의 글자

韓國	中國	日本	英語	쓰기
氷	冰	氷	氷	氷 氷 氷

얼음 빙 | bīng [삥] | ひょう [효오] | ice

士

士兵(사병)
士氣(사기)
武士(무사)
博士(박사)

제일 큰 도끼를 가진 임금【王】 아래서 작은 도끼로 여러 가지 일을 맡아하는 벼슬아치(관리)가 선비【士】라는 의미로, **선비**라는 뜻의 글자

韓國	中國	日本	英語	쓰기
士	士	士	士	士 士 士

선비 사 | shì [스] | し [시] | scholar

史

歷史(역사)
史劇(사극)
史料(사료)
三國史記(삼국사기)

손에 붓을 들고 어느 한쪽으로도 치우치지 않고 중립적【中】으로 올바르게 기록하는 것이 **역사**라는 뜻의 글자

韓國	中國	日本	英語	쓰기
史	史	史	史	史 史 史

사기/역사 사 | shǐ [스] | し [시] | history

思

思考(사고)
思慕(사모)
思想(사상)
思索(사색)

농부의 마음【心】은 항상 밭【田】의 곡식을 생각하고 있다는 의미로, **생각하다**라는 뜻의 글자 *田은 囟(정수리 신)이 변형

韓國	中國	日本	英語	쓰기
思	思	思	思	思 思 思

생각 사 | sī [쓰] | し [시] | think

寫

寫眞(사진)
複寫(복사)
描寫(묘사)
寫本(사본)

까치가 집【宀】 처마 밑에 둥지【鳥】를 자주 옮겨 짓는 모양으로, 그림이나 글을 다른 곳에 옮겨 그리거나 **베낀다**는 뜻의 글자

韓國	中國	日本	英語	쓰기
寫	写	写	寫	寫 寫 寫

베낄 사 | xiě [시에] | しゃ [샤] | copy

정자(획순)	활용 단어	유래 과정·설명

産

生産(생산)
國産(국산)
減産(감산)
工産品(공산품)

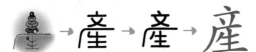

날 생【生】과 선비 언【彦】이 합쳐진 글자로, 나중에 언덕(높은 자리)에 올라가 글을 읽는 훌륭한 선비가 될 아이를 낳는다는 의미에서 **낳다**라는 뜻의 글자

韓國	中國	日本	英語	
産	产	産	産	쓰기 産 産 産
낳을 산	chǎn [찬]	さん [산]	product	

相

相對(상대)
相談(상담)
相互(상호)
觀相(관상)

나무【木】를 잘 돌보아 주는 사람의 눈【目】이 합쳐진 모양으로, 나무와 사람은 서로에게 도움을 준다는 의미로, **서로**라는 뜻의 글자

韓國	中國	日本	英語	
相	相	相	相	쓰기 相 相 相
서로 상	xiāng [시앙]	そう [소오]	mutual	

5급 16회

商

商街(상가)
商業(상업)
商店(상점)
商品(상품)

상점의 진열대에 물건을 올려놓고 입【口】으로 크게 사라고 외치는 모양으로, **헤아리다·장사**라는 뜻의 글자

韓國	中國	日本	英語	
商	商	商	商	쓰기 商 商 商
장사/헤아릴 상	shāng [샹]	しょう [쇼오]	trade	

賞

賞品(상품)
賞罰(상벌)
賞狀(상장)
賞金(상금)

전쟁에서 이긴 장수의 공을 높게【尚】받들고 재물【貝】을 내려 상을 준다는 의미로, **상주다**라는 뜻의 글자

韓國	中國	日本	英語	
賞	賞	賞	賞	쓰기 賞 賞 賞
상줄 상	shǎng [샹]	しょう [쇼오]	reward	

序

順序(순서)
秩序(질서)
序列(서열)
序幕(서막)

집【广】안에서 부모님이 물건을 줄【予】때에는 나【予】부터 차례를 지켜야 한다는 의미로, **차례**라는 뜻의 글자 *予: 줄 여/나 여

韓國	中國	日本	英語	
序	序	序	序	쓰기 序 序 序
차례 서	xù [쉬]	じょ [조]	order	

정자(획순)	활용 단어	유래 과정·설명

5급 17회

仙

神仙(신선)
仙女(선녀)
仙藥(선약)
仙境(선경)

韓國	中國	日本	英語
仙	仙	仙	仙
신선 선	xiān [시엔]	せん [센]	god

산【山】속에서 도를 닦으며 죽지 않고 영원히 사는 사람【亻】이 신선이라는 의미로, **신선**이라는 뜻의 글자

쓰기 仙 仙 仙

船

船舶(선박)
船長(선장)
船員(선원)
乘船(승선)

韓國	中國	日本	英語
船	船	船	船
배 선	chuán [추안]	せん [센]	ship

호수【凸】나 강을 건너기 위해 만든 큰 배【舟】를 의미하는 **배**라는 뜻의 글자

쓰기 船 船 船

善

善惡(선악)
善行(선행)
獨善(독선)
改善(개선)

韓國	中國	日本	英語
善	善	善	善
착할 선	shàn [샨]	ぜん [젠]	good

양【羊】처럼 순하고 고분고분 말【言】하는 것은 보기 좋고 착하다는 의미로, **착하다**라는 뜻의 글자

쓰기 善 善 善

選

選擧(선거)
選擇(선택)
特選(특선)
選手(선수)

韓國	中國	日本	英語
選	选	選	選
가릴 선	xuǎn [쉬엔]	せん [센]	elect

신에게 제사를 지내러 가기【辶】 위해 많은 사람들 중 공손한 사람【巽 공손할 손】을 가려낸다는 의미로, **가리다**라는 뜻의 글자

쓰기 選 選 選

鮮

朝鮮(조선)
生鮮(생선)
鮮明(선명)
新鮮(신선)

韓國	中國	日本	英語
鮮	鲜	鮮	鮮
고울 선	xiān [시엔]	せん [센]	fresh

신선한 물고기【魚】와 고운 양【羊】털처럼 신선하고 곱다는 의미로, **곱다**라는 뜻의 글자

쓰기 鮮 鮮 鮮

정자(획순)	활용 단어	유래 과정 · 설명

說

說明(설명)
說得(설득)
解說(해설)
演說(연설)

남들에게 기쁨【兌】을 주기 위해 말【言】로서 즐겁게 설명한다는 의미로,
말씀이라는 뜻의 글자

韓國	中國	日本	英語	쓰기			
說	说	説	說		說	說	說
말씀 설	shuō [슈어]	せつ [세쯔]	speak				

性

性格(성격)
性品(성품)
本性(본성)
性能(성능)

마음 심【忄】과 날 생【生】이 합쳐진 글자로, 사람이 태어날 때부터 가지고 있는
마음이 **성품**이라는 뜻의 글자

韓國	中國	日本	英語	쓰기			
性	性	性	性		性	性	性
성품 성	xìng [씽]	せい [세이]	nature				

5급
18회

洗

洗手(세수)
洗濯(세탁)
洗車(세차)
洗面(세면)

사람이 물【氵】을 보면 제일 먼저【先】 얼굴과 손발을 **씻는다**라는 뜻의 글자

韓國	中國	日本	英語	쓰기			
洗	洗	洗	洗		洗	洗	洗
씻을 세	xǐ [시]	せん [센]	wash				

歲

歲月(세월)
歲拜(세배)
年歲(연세)
萬歲(만세)

봄에 걸어【步】가며 뿌린 씨가 가을【음력 9월, 戌】에 벼가 되어 창【戈 베는 도구】으로
베어 들이는 기간이 1년(한 해)이라는 의미로, **해**라는 뜻의 글자

韓國	中國	日本	英語	쓰기			
歲	岁	歲	歲		歲	歲	歲
해 세	suì [쑤에이]	さい [사이]	age				

首

首都(수도)
首席(수석)
首相(수상)
部首(부수)

사람의 머리 모양을 나타내어 **머리**라는 뜻의 글자

韓國	中國	日本	英語	쓰기			
首	首	首	首		首	首	首
머리 수	shǒu [셔우]	しゅ [슈]	head				

정자(획순)	활용 단어	유래 과정 · 설명

宿 ⑪

宿泊(숙박)
宿題(숙제)
合宿(합숙)
宿所(숙소)

집【宀】 안에 사람【亻】이 백 명【白 아주 많이】 들어 있는 모양으로, 밖에서 활동하던 사람들이 잠을 자기 위해 모두 집으로 들어와 묵고 있다는 의미로, **자다 · 묵다**라는 뜻의 글자

韓國	中國	日本	英語	
宿	宿	宿	宿	쓰기 宿 宿 宿
잘 숙	sù [쑤]	しゅく [슈쿠]	lodge	

順 ⑫

順序(순서)
順理(순리)
溫順(온순)
順從(순종)

냇물【川】이 위에서 아래로 순리대로 흐르듯이 사람【頁】이 살아가는 것도 이와 같이 순해야 한다는 의미로, **순하다**라는 뜻의 글자

韓國	中國	日本	英語	
順	順	順	順	쓰기 順 順 順
순할 순	shùn [슌]	じゅん [쥰]	mild	

示 ⑤

示達(시달)
暗示(암시)
提示(제시)
展示(전시)

제물【示】을 바쳐 신에게 정성스럽게 제사를 지내면, 신은 인간에게 그 대답을 항상 **보인다**라는 뜻의 글자

韓國	中國	日本	英語	
示	示	示	示	쓰기 示 示 示
보일 시	shì [스]	し [시]	exhibit	

識 ⑲

知識(지식)
識別(식별)
認識(인식)
有識(유식)

금방 사라지는 말【言】이나 소리【音】를 창【戈】으로 나무나 벽 등에 새겨서 여러 사람들이 알게 한다는 의미로, **알다**라는 뜻의 글자

韓國	中國	日本	英語	
識	识	識	識	쓰기 識 識 識
알 식	shí [스]	しき [시끼]	recognize	

臣 ⑥

忠臣(충신)
功臣(공신)
臣下(신하)
君臣有義(군신유의)

임금 앞에 머리를 숙인 신하의 눈이 세로로 내려온 모양으로, **신하**를 뜻하는 글자 *臣(신): '어떤 것에 종속되는 것'이란 뜻

韓國	中國	日本	英語	
臣	臣	臣	臣	쓰기 臣 臣 臣
신하 신	chén [천]	しん [신]	subject	

정자(획순)	활용 단어	유래 과정·설명

實

誠實(성실)
眞實(진실)
實感(실감)
現實(현실)

⑭

집【宀】안에 꿰어놓은【毋】돈과 재물【貝】이 가득한 모양이 마치 잘 익은 나무의 열매들과 같다는 의미로, **열매**라는 뜻의 글자

韓國	中國	日本	英語
實	实	実	實
열매 실	shí [스]	じつ [지쯔]	fruit

쓰기 實 實 實

兒

⑧

兒童(아동)
幼兒(유아)
孤兒(고아)
兒役(아역)

머리【臼】가 아직 다 여물지 못한 유아【儿】의 모습으로, **아이**를 뜻하는 글자

韓國	中國	日本	英語
兒	儿	児	兒
아이 아	ér [얼]	じ [지]	child

쓰기 兒 兒 兒

5급
20회

惡

⑫

善惡(선악)
罪惡(죄악)
惡談(악담)
惡習(악습)

惡童이

마음【心】이 올바르지 않고 곱사등【亞】처럼 굽은 것은 남을 미워하는 악하고 나쁜 마음이라는 의미로, **악하다**라는 뜻의 글자 *다른 뜻: 미워할 오

韓國	中國	日本	英語
惡	恶	悪	惡
악할 악	è [으어]	あく [아쿠]	bad

쓰기 惡 惡 惡

案

⑩

案內(안내)
提案(제안)
案件(안건)
議案(의안)

편안할 안【安】과 나무 목【木】이 합쳐진 글자로, 편안하게 책을 볼 수 있고, 생각도 할 수 있게 만든 나무가 책상이라는 의미로, **책상**이라는 뜻의 글자

韓國	中國	日本	英語
案	案	案	案
책상 안	àn [안]	あん [안]	table

쓰기 案 案 案

約

約束(약속)
約婚(약혼)
契約(계약)
誓約(서약)
豫約(예약)

실타래의 실【糸】을 작은 매듭으로 묶고 작은 국자【勺】를 걸어놓아 약속 시간이나 기간을 표시하던 옛날 사람들의 약속 방법에서 나와, **약속하다**라는 뜻의 글자

韓國	中國	日本	英語
約	约	約	約
맺을 약	yuē [위에]	やく [야쿠]	engage

쓰기 約 約 約

정자(획순)	활용 단어	유래 과정·설명

養

營養(영양)
奉養(봉양)
養育(양육)
養成(양성)
養蜂(양봉)

양 양【羊】과 밥 식【食】이 합쳐진 글자로, 양에게 먹이(밥)를 주어 잘 기른다는 의미로, **기르다**라는 뜻의 글자

韓國	中國	日本	英語		쓰기
養	养	養	養		養 養 養
기를 양	yǎng [양]	よう [요오]	bring up		

魚

魚種(어종)
養魚(양어)
活魚(활어)
魚類(어류)

물고기의 모양을 나타내어, **물고기**라는 뜻의 글자

韓國	中國	日本	英語		쓰기
魚	鱼	魚	魚		魚 魚 魚
고기 어	yú [위]	ぎょ [교]	fish		

5급 21회

漁

漁夫(어부)
漁村(어촌)
漁場(어장)
漁業(어업)

물 수【氵】와 고기 어【魚】가 합쳐진 글자로, 물에서 고기를 **잡는다**라는 뜻의 글자

韓國	中國	日本	英語		쓰기
漁	渔	漁	漁		漁 漁 漁
고기잡을 어	yú [위]	ぎょ [교]	fishing		

億

數億(수억)
億兆(억조)
億劫(억겁)
億萬長者(억만장자)

사람 인【亻】과 뜻 의【意】가 합쳐진 글자로, 사람이 가지고 있는 뜻(생각)은 헤아릴 수 없을 정도로 많다는 데서 **억**이라는 의미의 글자

韓國	中國	日本	英語		쓰기
億	亿	億	億		億 億 億
억 억	yì [이]	おく [오쿠]	hundred million		

旅

旅行(여행)
旅券(여권)
旅費(여비)
旅館(여관)

깃발【方】이 가는 곳을 따라 움직이는 많은 사람【亻 군사】들의 이동하는 모습이 여기저기로 옮겨 다니는 **나그네**와 같다라는 뜻의 글자

韓國	中國	日本	英語		쓰기
旅	旅	旅	旅		旅 旅 旅
나그네 려(여)	lǚ [뤼]	りょ [료]	travel		

정자(획순)	활용 단어	유래 과정·설명

熱

熱氣(열기)
熱望(열망)
熱心(열심)
過熱(과열)

韓國	中國	日本	英語
熱	热	熱	熱
더울 열	rè [르어]	ねつ [네쯔]	hot

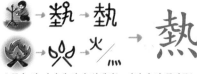

초목을 잘 자라게 하기 위해서는 사람이 잘 돌봐주는 것 이외에 태양의 온기와 같은 더운 열이 있어야 된다는 의미로, **덥다**라는 뜻의 글자

쓰기 熱

葉

落葉(낙엽)
葉書(엽서)
葉錢(엽전)
針葉(침엽)

韓國	中國	日本	英語
葉	叶	葉	葉
잎 엽	yè [이에]	よう [요오]	leaf

나뭇가지【木】에 돋아난【世】얇고 어린 새싹【艹】의 모양에서 얇다, **잎**이라는 뜻의 글자 *다른 의미: 피고 지고를 되풀이하는 것이 잎이라는 뜻

5급 22회

쓰기 葉

屋

家屋(가옥)
社屋(사옥)
屋上(옥상)
韓屋(한옥)

韓國	中國	日本	英語
屋	屋	屋	屋
집 옥	wū [우]	おく [오쿠]	house

사람이 살다가 편안히 죽음【尸】에 이를【至】수 있는 곳은 자기가 살던 **집**이라는 뜻의 글자

쓰기 屋

完

完全(완전)
完結(완결)
補完(보완)
完工(완공)
完治(완치)

韓國	中國	日本	英語
完	完	完	完
완전할 완	wán [완]	かん [칸]	complete

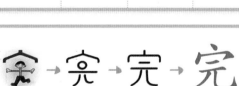

근본이 잘 되어 있는 것이 최고【元 으뜸】이며, 그렇게 지은 집【宀】은 튼튼하고 **완전하다**라는 뜻의 글자

쓰기 完

要

重要(중요)
要求(요구)
必要(필요)
要請(요청)
要點(요점)

韓國	中國	日本	英語
要	要	要	要
요긴할/중요할 요	yào [야오]	よう [요오]	important

여자【女】가 두 손을 허리에 짚고【罒】있는 모양을 나타내어, 허리는 인체(몸)에서 중요한 부분이라는 의미로, **중요하다**라는 뜻의 글자

쓰기 要

정자(획순)	활용 단어	유래 과정 · 설명

浴 ⑩

沐浴(목욕)
浴室(욕실)
浴湯(욕탕)
森林浴(삼림욕)

골짜기【谷】의 깨끗한 물【氵】에서 목욕을 한다는 의미로, **목욕하다**라는 의미의 글자

韓國	中國	日本	英語
浴	浴	浴	浴
목욕할 욕	yù [위]	よく [요쿠]	bathe

쓰기 浴 浴 浴

5급 23회

友 ④

友情(우정)
級友(급우)
友愛(우애)
文房四友(문방사우)

오른손【又】과 왼손【屮변형】을 서로 맞잡고 있는 다정한 친구라는 의미로, **벗**이라는 뜻의 글자

韓國	中國	日本	英語
友	友	友	友
벗 우	yǒu [여우]	ゆう [유우]	friend

쓰기 友 友 友

牛 ④

牛乳(우유)
韓牛(한우)
肉牛(육우)
牧牛(목우)

소의 머리 모양을 나타내어, **소**라는 뜻의 글자

韓國	中國	日本	英語
牛	牛	牛	牛
소 우	niú [니어우]	ぎゅう [규우]	cow

쓰기 牛 牛 牛

雨 ⑧

雨期(우기)
雨傘(우산)
暴雨(폭우)
豪雨(호우)
雨衣(우의)

하늘【一】에 떠 있는 구름【冂】에서 빗방울이 떨어지는 모양으로, **비**를 뜻하는 글자

韓國	中國	日本	英語
雨	雨	雨	雨
비 우	yǔ [위]	う [우]	rain

쓰기 雨 雨 雨

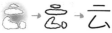

雲 ⑫

雲霧(운무)
雲集(운집)
戰雲(전운)
靑雲(청운)
風雲(풍운)

비【雨】를 만드는 것은 하늘에서 움직이는 구름【云】이라는 의미로, **구름**을 뜻하는 글자

韓國	中國	日本	英語
雲	云	雲	雲
구름 운	yún [윈]	うん [운]	cloud

쓰기 雲 雲 雲

정자(획순)	활용 단어	유래 과정·설명

雄

英雄(영웅)
雄壯(웅장)
雄辯(웅변)
雌雄(자웅)

새【隹】 중에서 손(발톱)과 팔【厷 날개】이 특히 힘이 센 것이
남자(수컷)라는 의미로, **수컷**이라는 뜻의 글자

韓國	中國	日本	英語
雄	雄	雄	雄
수컷 웅	xióng [시옹]	ゆう [유우]	male

쓰기: 雄 雄 雄

元

元祖(원조)
復元(복원)
壯元(장원)
元氣(원기)

살아 움직이는 사람【儿】의 윗부분에 있는 머리【二는 上】가
가장 중요한 우리 몸의 **으뜸**이라는 뜻의 글자 *으뜸: 최고, 가장 중요한 것

韓國	中國	日本	英語
元	元	元	元
으뜸/처음 원	yuán [위엔]	げん [겐]	principal

쓰기: 元 元 元

5급 24회

原

原因(원인)
原價(원가)
平原(평원)
原始(원시)

언덕【厂】 기슭에서 솟아나오는 샘물【泉】의 모양으로 물의 시작(근원)을
의미하여 **근원**이라는 뜻의 글자

韓國	中國	日本	英語
原	原	原	原
언덕/근원 원	yuán [위엔]	げん [겐]	origin

쓰기: 原 原 原

願

願書(원서)
所願(소원)
志願(지원)
民願(민원)
願望(원망)

머리【頁】는 모든 생각의 근원【原】이 되는 곳으로, 생각한 대로
이루어지기를 바라고 **원한다**는 뜻의 글자

韓國	中國	日本	英語
願	愿	願	願
원할 원	yuàn [위엔]	がん [간]	want

쓰기: 願 願 願

位

位置(위치)
順位(순위)
優位(우위)
單位(단위)

옛날 벼슬을 하던 사람【亻】은 그 지위의 높고 낮음에 따라 서 있는【立】
자리가 달리 정해져 있다는 의미로, **자리**를 뜻하는 글자

韓國	中國	日本	英語
位	位	位	位
자리/벼슬 위	wèi [웨이]	い [이]	position

쓰기: 位 位 位

정자(획순)	활용 단어	유래 과정·설명

偉 ⑪

偉大(위대)
偉容(위용)
偉力(위력)
偉人傳記(위인전기)

韓國	中國	日本	英語
偉	伟	偉	偉
클/훌륭할 위	wěi [웨이]	い [이]	great

→ 偉

자기 집만 생각하는 보통 사람【亻】과는 다르게(어긋나게) 성【韋 나라】 전체를 지키고 생각하는 사람은 위대하고 큰 사람이라는 의미로, **크다**라는 뜻의 글자

쓰기 偉 偉 偉

陸 ⑪

陸地(육지)
陸軍(육군)
着陸(착륙)
陸橋(육교)

韓國	中國	日本	英語
陸	陆	陸	陸
뭍/육지 륙(육)	lù [루]	りく [리쿠]	land

→ 陸

바다에서 보면 언덕【阝】이 있고 큰 흙덩이【坴】가 뭉쳐 있는 것이 육지(뭍)라는 의미로, **뭍**이라는 뜻의 글자

쓰기 陸 陸 陸

5급 25회

以 ⑤

以上(이상)
以前(이전)
以外(이외)
以心傳心(이심전심)

韓國	中國	日本	英語
以	以	以	以
써 이	yǐ [이]	い [이]	by means of

→ 以 → 以 → 以

사람【亻】이 쟁기를 써서 논밭을 간다(일군다)는 의미로, **써**라는 뜻의 글자
*'써'는 '그것을 가지고', '그것으로'라는 뜻

쓰기 以 以 以

耳 ⑥

耳目(이목)
耳順(이순)
馬耳東風(마이동풍)

韓國	中國	日本	英語
耳	耳	耳	耳
귀 이	ěr [얼]	じ [지]	ear

→ 曰 → 耳 → 耳

소리를 듣는 사람의 귀 모양으로, **귀**를 뜻하는 글자

쓰기 耳 耳 耳

因 ⑥

原因(원인)
因緣(인연)
敗因(패인)
因果應報(인과응보)

韓國	中國	日本	英語
因	因	因	因
인할 인	yīn [인]	いん [인]	because of

→ 因 → 因 → 因

깔고 누울 수 있는 요【口는 돗자리】로 인하여 사람【大】이 편하게 잠을 잘 수 있게 된다는 의미로, **인하다**라는 뜻의 글자

쓰기 因 因 因

정자(획순)	활용 단어	유래 과정·설명

再

再發(재발)
再考(재고)
再修(재수)
再生(재생)

 → 冉 → 再 → 再

나무를 가지런히 쌓아 놓은 것 위에 나무 하나를 더 올려, 두 번 거듭해서 쌓는다는 의미로, **두 번**이라는 뜻의 글자

韓國	中國	日本	英語	쓰기
再	再	再	再	再
두/다시 재	zài [짜이]	さい [사이]	again	

材

材料(재료)
教材(교재)
資材(자재)
素材(소재)

 → 米 → 木 → 材

나무 목【木】과 재주(바탕) 재【才】가 합쳐진 글자로, 집을 지을 때 나무【木】는 좋은 바탕【才】이 되는 재목이라는 의미로, **재목**을 뜻하는 글자

韓國	中國	日本	英語	쓰기
材	材	材	材	材
재목 재	cái [차이]	ざい [자이]	timber	

財

財物(재물)
財産(재산)
蓄財(축재)

 → 貝 → 財

재주【才】좋은 사람이 재물【貝 돈】을 많이 모은다는 의미로, **재물**이라는 뜻의 글자

韓國	中國	日本	英語	쓰기
財	財	財	財	財
재물 재	cái [차이]	ざい [자이]	property	

爭

競爭(경쟁)
鬪爭(투쟁)
論爭(논쟁)
爭取(쟁취)

 → 爭 → 爭 → 爭

서로 물건을 가지기 위해 손【爪】과 손【彐】에 갈고리【亅】를 들고 다툰다는 의미로, **다투다**라는 뜻의 글자

韓國	中國	日本	英語	쓰기
爭	爭	爭	爭	爭
다툴 쟁	zhēng [쩡]	そう [소오]	contest	

貯

貯金(저금)
貯蓄(저축)
貯藏(저장)
貯水池(저수지)

 → 貝 → 宁 → 貯

조개【貝 재물, 돈】를 집【宀】안의 지붕 끝까지 쌓아【宁 쌓을 저】 모아 놓은 모양으로, **쌓다**라는 뜻의 글자

韓國	中國	日本	英語	쓰기
貯	貯	貯	貯	貯
쌓을 저	zhù [쭈]	ちょ [쵸]	save	

정자(획순)	활용 단어	유래 과정·설명

赤⑦

赤色(적색)
赤字(적자)
赤道(적도)
赤血球(적혈구)

韓國	中國	日本	英語
赤	赤	赤	赤
붉을 적	chì [츠]	せき [세끼]	red

사람【大】이 불【火】 가까이에서 뜨거워하는 모양으로, 불 근처에 가면 얼굴이 벌겋게 되어 **붉다**라는 뜻의 글자

쓰기 赤 赤 赤

5급 27회

的⑧

的中(적중)
目的(목적)
標的(표적)
人的(인적)

韓國	中國	日本	英語
的	的	的	的
과녁/목표 적	dì [띠]	てき [테끼]	target

활을 쏠 때, 해처럼 하얀【白】둥근 판에 점을 찍어 표시【勺】를 한 것이 **과녁**이라는 의미의 글자 *的[de]: 관형어 뒤에 쓸 때

쓰기 的 的 的

典⑧

法典(법전)
古典(고전)
儀典(의전)
典例(전례)

韓國	中國	日本	英語
典	典	典	典
법/책 전	diàn [디엔]	てん [텐]	law

나라의 법과 같은 중요한 글을 대나무 죽편에 적은 옛날 책【冊】을 양손【八】으로 받들고【一】있는 모양에서 **법**이라는 뜻의 글자

쓰기 典 典 典

展⑩

展示(전시)
展望(전망)
發展(발전)
進展(진전)

韓國	中國	日本	英語
展	展	展	展
펼 전	zhǎn [짠]	てん [텐]	spread

우리【尸】가 입고 있는 많은 옷【衣】을 벗으면 누워서 몸과 팔다리를 마음껏 펼 수 있다는 의미로, **펴다**라는 뜻의 글자

쓰기 展 展 展

傳⑬

傳達(전달)
傳記(전기)
傳說(전설)
傳染(전염)

韓國	中國	日本	英語
傳	传	伝	傳
전할 전	chuán [추안]	でん [텐]	transmit

사람 인【亻】과 오로지 전【專】이 합쳐진 글자로, 중요한 소식이나 문서는 다른 사람에게 말하지 않고 오로지 윗사람(임금, 부모)에게 **전한다**라는 뜻의 글자

쓰기 傳 傳 傳

정자(획순)	활용 단어	유래 과정·설명

節

季節(계절) 禮節(예절) 節次(절차) 節約(절약) 節減(절감)

대나무【竹】가 곧게 자라나는 것은 중간중간의 마디【卽은 무릎 관절 모양】가
있기 때문으로 **마디**라는 뜻의 글자

韓國	中國	日本	英語
節	节	節	節
마디/예절 절	jié [지에]	せつ [세쯔]	joint

쓰기 | 節 節 節

5급 28회

店

店員(점원) 商店(상점) 百貨店(백화점) 飮食店(음식점)

사람이 다니기 쉬운 집【广】을 차지하고 점【占 점칠 점】을 봐주거나
물건을 파는 곳이 **가게**라는 뜻의 글자

韓國	中國	日本	英語
店	店	店	店
가게 점	diàn [띠엔]	てん [텐]	shop

쓰기 | 店 店 店

情

愛情(애정) 眞情(진정) 情熱(정열) 感情(감정) 情報(정보)

사람의 마음【忄】은 하늘처럼 맑고 푸른【靑】 뜻을 가지고 있다는 의미로,
뜻을 나타내는 글자

韓國	中國	日本	英語
情	情	情	情
뜻 정	qíng [칭]	じょう [죠오]	feelings

쓰기 | 情 情 情

停

停止(정지) 停車(정차) 停電(정전) 停學(정학) 停年(정년)

먼 길을 가는 사람【亻】이 정자【亭】 안에 들어가 잠시 쉬면서
머무르는 모양으로, **머무르다**라는 뜻의 글자

韓國	中國	日本	英語
停	停	停	停
머무를 정	tíng [팅]	てい [테에]	stay

쓰기 | 停 停 停

調

調和(조화) 調節(조절) 調査(조사) 調整(조정)

말씀 언【言】과 두루 주【周】가 합쳐진 글자로, 옳은 말을 널리 두루 전하여
모난 것을 고르게 하고 조화롭게 한다는 의미로, **고르다**라는 뜻의 글자

韓國	中國	日本	英語
調	调	調	調
고를 조	tiáo [티아오]	ちょう [쵸오]	adjust

쓰기 | 調 調 調

정자(획순)	활용 단어	유래 과정·설명

卒

卒業(졸업)
卒兵(졸병)
卒倒(졸도)
烏合之卒(오합지졸)

군인, 노예가 입던 옷【衣】을 나타내기 위해 표시【一】가 되어 있는 제복에서 나온 것으로 군인이나 노예는 전쟁터에서 갑자기 생을 마친다는 의미로, **마치다·병졸**의 뜻을 가진 글자

韓國	中國	日本	英語
卒	卒	卒	卒
마칠/군사 졸	zú [주]	そつ [소쯔]	finish

쓰기: 卒 卒 卒

終

終結(종결)
最終(최종)
終着(종착)
終點(종점)

실 사【糸】와 겨울 동【冬】이 합쳐진 글자로, 봄부터 누에를 키워 고치를 짓게 하고, 먹이를 많이 주어 잘 키워서 마지막으로 명주실을 뽑는 겨울이 되면 모든 일을 마친다라는 의미로, **마친다**라는 뜻의 글자

韓國	中國	日本	英語
終	终	終	終
마칠/끝 종	zhōng [쭝]	しゅう [슈우]	finish

쓰기: 終 終 終

5급
29회

種

種類(종류)
播種(파종)
品種(품종)
土種(토종)

농사에 쓸 씨【禾 종자】를 고를 때, 물속에 가라앉는 튼튼하고 무거운【重】 볍씨를 사용한다는 의미로, **씨**라는 뜻의 글자

韓國	中國	日本	英語
種	种	種	種
씨 종	zhǒng [쭝]	しゅ [슈]	seed

쓰기: 種 種 種

罪

罪人(죄인)
罪囚(죄수)
犯罪(범죄)
無罪(무죄)

잡아서는 안 될 귀중한 새【非】를 그물망【罒】으로 잡는 그릇된 행동이 허물이고 죄라는 의미로, **죄**라는 뜻의 글자

韓國	中國	日本	英語
罪	罪	罪	罪
허물/죄 죄	zuì [쭈에이]	ざい [자이]	sin

쓰기: 罪 罪 罪

止

停止(정지)
防止(방지)
禁止(금지)
明鏡止水(명경지수)

땅에 발을 딛고 쉬기 위해 멈춰 서 있는 발 모양으로 걷기를 잠시 그친다는 데서 **그치다**라는 뜻의 글자

韓國	中國	日本	英語
止	止	止	止
그칠/막을 지	zhǐ [즈]	し [시]	stop

쓰기: 止 止 止

정자(획순)	활용 단어	유래 과정·설명

知識(지식)
感知(감지)
告知(고지)
通知(통지)

화살 시【矢】와 입 구【口】가 합쳐진 글자로, 입으로 한 말은 화살처럼 빨리 상대방에게 전달되어 그 뜻을 안다는 의미에서 **안다**라는 뜻의 글자

韓國	中國	日本	英語
知	知	知	知
알 지	zhī [즈]	ち [치]	know

쓰기 知

質問(질문)
物質(물질)
品質(품질)
性質(성질)

도끼 두 자루【斤斤】의 강력한 힘(권력)과 재물【貝】이 있어야 나라를 세우는 바탕이 마련된다는 의미로, **바탕**이라는 뜻의 글자

韓國	中國	日本	英語
質	质	質	質
바탕/본질 질	zhì [즈]	しつ [시쯔]	base

쓰기 質

5급
30회

到着(도착)
着工(착공)
着陸(착륙)
附着(부착)

힘이 약한 양【羊】들이 늑대나 나쁜 짐승이 오는지 눈【目】을 크게 떠서 경계하고 서로 붙어 다닌다는 의미로, **붙다**라는 뜻의 글자

韓國	中國	日本	英語
着	着	着	着
붙을 착	zhuó [주어]	ちゃく [챠쿠]	cling

쓰기 着

參加(참가)
參席(참석)
同參(동참)
參與(참여)
持參(지참)

밝게 빛나는 3개의 별【厽 삼태성】에 아름다움을 더하기 위해 머리【彡】를 곱게 빗은 여자가 같이 **참여한다**라는 뜻의 글자

韓國	中國	日本	英語
參	参	参	參
참여할 참	cān [찬]	さん [산]	participate

쓰기 參

唱歌(창가)
獨唱(독창)
合唱(합창)
名唱(명창)

소리를 넉넉하고 풍성하게 입【口】안 가득히 내어 부르는【昌】 것이 노래라는 의미로, **노래**라는 뜻의 글자

韓國	中國	日本	英語
唱	唱	唱	唱
부를/노래 창	chàng [창]	しょう [쇼오]	sing

쓰기 唱

정자(획순)	활용 단어	유래 과정·설명

責(11)

責任(책임)
問責(문책)
叱責(질책)
重責(중책)
責望(책망)

韓國	中國	日本	英語
責	責	責	責
꾸짖을/책임 책	zé [쯔어]	せき [세끼]	responsibility

재물이 모자라서 주인【主】이 재물【貝】을 맡아 관리하는 사람을 꾸짖어
책임 지게 한다는 의미로, **책임**이라는 뜻의 글자 *다른 뜻: 꾸짖을 책

쓰기 責

鐵

鐵橋(철교)
鐵筋(철근)
鋼鐵(강철)
鐵路(철로)

韓國	中國	日本	英語
鐵	铁	鉄	鐵
쇠 철	tiě [티에]	てつ [테쯔]	iron

땅속 쇠【金】붙이 중 창【戈】처럼 날카롭고 고른 무기를 만들 수 있는 것이 **쇠**라는 뜻의 글자

쓰기 鐵

初(7)

始初(시초)
初期(초기)
初等(초등)
初級(초급)
初步(초보)

韓國	中國	日本	英語
初	初	初	初
처음 초	chū [츄]	しょ [쇼]	beginning

옷【衤】을 만들 때 벳감이나 천을 칼【刀】로 자르는 것이 처음에
시작하는 일이라는 의미로, **처음**이라는 뜻의 글자

쓰기 初

最(12)

最高(최고)
最近(최근)
最初(최초)
最善(최선)
最低(최저)

韓國	中國	日本	英語
最	最	最	最
가장 최	zuì [쭈에이]	さい [사이]	most

옛날 전쟁이 일어나면 제일 먼저 말을 잘 하는 외교관이 가서 세 치 혀【日】를 움직여 다른 나라의 땅을 취하
거나 적을 물러가게 하여 싸우지 않고 말로서 얻는 것【取 취하는 것】이 최고이고, **가장** 좋다는 의미의 글자

쓰기 最

祝

祝福(축복)
祝歌(축가)
祝賀(축하)
慶祝(경축)
祝杯(축배)

韓國	中國	日本	英語
祝	祝	祝	祝
빌 축	zhù [주]	しゅく [슈쿠]	celebrate

신에게 드리는 제사【示】를 맡아 지내는 맏형【兄】이 입으로 축문을 읽으며
간절히 신에게 빈다는 의미로, **빌다**라는 뜻의 글자

쓰기 祝

정자(획순)	활용 단어	유래 과정 · 설명

充
充分(충분)
充電(충전)
補充(보충)
充實(충실)

막 태어난 갓난아기가 걸을 수【充】 있을 만큼 나이가 점점 차간다는 의미로, **차다**라는 뜻의 글자 *다른 뜻: 가득할 충

韓國	中國	日本	英語
充	充	充	充
채울 충	chōng [총]	じゅう [쥬우]	full

쓰기 充

致
拉致(납치)
景致(경치)
極致(극치)
筆致(필치)

이를 지【至】와 칠 복【夊】이 합쳐진 글자로, 어떤 목표에 이를 수 있도록 회초리질하여 그 목적을 이룬다는 의미로, **이르다**라는 뜻의 글자

韓國	中國	日本	英語
致	致	致	致
이를 치	zhì [즈]	ち [치]	reach

쓰기 致

5급 32회

則
規則(규칙)
法則(법칙)
反則(반칙)
原則(원칙)
罰則(벌칙)

재물【貝】을 공평하게 똑같이 칼【刂】로 나누기 위해서는 모든 사람들이 인정하는 일정한 법칙이 있어야 한다는 의미로, **법칙**이라는 뜻의 글자

韓國	中國	日本	英語
則	则	則	則
법칙 칙	zé [쯔어]	そく [소쿠]	rule

쓰기 則

他
他人(타인)
他國(타국)
其他(기타)
他山之石(타산지석)

사람【亻】과 뱀【也】은 모든 것이 다르다는 의미로, **다르다**라는 뜻의 글자

韓國	中國	日本	英語
他	他	他	他
다를/남 타	tā [타]	た [타]	other

쓰기 他

打
打殺(타살)
毆打(구타)
安打(안타)
打者(타자)

손【扌】이나 망치로 못【丁】을 쳐서 박는다는 의미로, **치다**라는 뜻의 글자

韓國	中國	日本	英語
打	打	打	打
칠 타	dǎ [따]	だ [다]	strike

쓰기 打

정자(획순)	활용 단어	유래 과정·설명

宅

住宅(주택)
自宅(자택)
宅配(택배)
舍宅(사택)

韓國	中國	日本	英語
宅	宅	宅	宅
집 택/댁	zhái [쟈이]	たく [타쿠]	house

비바람을 피하여 사람들은 집【宀】에 몸을 의지【乇부탁할 탁】하고
산다는 데서 **집**이라는 뜻의 글자 *宅: 사람을 뜻할 때는 音이 '댁'

쓰기: 宅 宅 宅

5급 33회

敗

勝敗(승패)
失敗(실패)
完敗(완패)
敗家亡身(패가망신)

韓國	中國	日本	英語
敗	败	敗	敗
패할 패	bài [빠이]	はい [하이]	be defeated

자기의 재물【貝】을 다른 사람이 깨트리는【攵】 것은 성이 무너지고 전쟁에서
패한 것이라는 의미로, **패하다**라는 뜻의 글자

쓰기: 敗 敗 敗

品

品性(품성)
品目(품목)
新品(신품)

韓國	中國	日本	英語
品	品	品	品
물건/만물 품	pǐn [핀]	ひん [힌]	article

뭇【口/父, 口/母, 口/父母 사이의 나】 사람들의 물건이나 또는
여러 가지 모양의 그릇(물건)들이 많이 모여 있는 모양으로, **물건**이라는 뜻의 글자

쓰기: 品 品 品

必

必勝(필승)
必要(필요)
必須(필수)
何必(하필)

韓國	中國	日本	英語
必	必	必	必
반드시 필	bì [삐]	ひつ [히쯔]	surely

땅(밭)을 나누는 경계에는 말뚝을 박아 누구의 땅인지 표시를 반드시
해야 한다는 의미로, **반드시**라는 뜻의 글자 *다른 뜻: 오로지 필

쓰기: 必 必 必

筆

筆記(필기)
筆談(필담)
筆體(필체)
鉛筆(연필)

韓國	中國	日本	英語
筆	笔	筆	筆
붓 필	bǐ [비]	ひつ [히쯔]	writing brush

대나무【竹】를 잘라 만든 붓【聿】을 뜻하는 글자

쓰기: 筆 筆 筆

정자(획순)	활용 단어	유래 과정·설명

河

黃河(황하)
河川(하천)
氷河(빙하)
渡河(도하)
銀河(은하)

옛날 중국 황하강의 넓고도 많은 물【氵】을 보고, 누구나 입을 벌려
정말 옳은【可】물(물로서 인정할 만한 모양)이라고 감탄한 것에서 나와, 물을 뜻하는 글자

韓國	中國	日本	英語
河	河	河	河
물 하	hé [흐어]	か [카]	river

쓰기 河 河 河

寒

寒波(한파)
酷寒(혹한)
寒冷(한랭)
三寒四溫(삼한사온)

겨울에 집【宀】 안에서 많은 풀【艹】더미 이불을 덮고 있어도
몸이 고드름【冫】처럼 얼어 날씨가 **차다**라는 뜻의 글자

5급 34회

韓國	中國	日本	英語
寒	寒	寒	寒
찰 한	hán [한]	かん [칸]	cold

쓰기 寒 寒 寒

害

利害(이해)
損害(손해)
妨害(방해)
水害(수해)

집【宀】 안에서 독초와 같이 입【口】을 많이【丰】 놀려
남을 헐뜯고 해친다는 의미로, **해치다**라는 뜻의 글자

韓國	中國	日本	英語
害	害	害	害
해할 해	hài [하이]	がい [가이]	harm

쓰기 害 害 害

許

許諾(허락)
許可(허가)
免許(면허)
許容(허용)
特許(특허)

옛날 백성들에게 낮【午】 12시의 시간을 알릴 때에는 꼭 해시계 관리의 말【言】을
듣고 그 허락을 받은 데서, **허락하다**라는 뜻의 글자

韓國	中國	日本	英語
許	許	許	許
허락할 허	xǔ [쉬]	きょ [쿄]	allow

쓰기 許 許 許

湖

湖水(호수)
湖畔(호반)
湖南(호남)
江湖(강호)

물 수【氵】와 오래될 호【胡】가 합쳐진 글자로, 물이 잘 흐르지 않고
오랜【古】 세월【月】 고여 있는 것이 **호수**라는 의미의 글자

韓國	中國	日本	英語
湖	湖	湖	湖
호수 호	hú [후]	こ [코]	lake

쓰기 湖 湖 湖

정자(획순)	활용 단어	유래 과정·설명

化

變化(변화)
化學(화학)
化石(화석)
文化(문화)
消化(소화)

서 있는 사람【亻】과 거꾸로 선 사람【匕】이 요술을 부리듯 재주를 부려서
바뀌거나 달라져서 다른 것이 된다는 의미로, **되다**라는 뜻의 글자

韓國	中國	日本	英語	쓰기	化 化 化
化	化	化	化		
될 화	huà [후아]	か [카]	change		

患

患者(환자)
病患(병환)
憂患(우환)
老患(노환)

날카로운 꼬챙이【丨】에 가슴【心】까지 꿰뚫려 괴롭고 근심스럽다는 의미로,
근심이라는 뜻의 글자

韓國	中國	日本	英語	쓰기	患 患 患
患	患	患	患		
근심 환	huàn [후안]	かん [칸]	anxiety		

效

效果(효과)
效能(효능)
有效(유효)
無效(무효)
效力(효력)

대장간에서 화살촉【矢】을 달구어 망치로 쳐서【攵】 똑같은 모양으로, 본을 떠서
만든다는 데서 **본받다**·보람·효과라는 뜻의 글자 ＊爻는 본래 矢(화살 시)가 잘못 변화된 것

韓國	中國	日本	英語	쓰기	效 效 效
效	效	效	效		
본받을 효	xiào [시아오]	こう [코오]	imitate		

黑

黑白(흑백)
黑色(흑색)
黑字(흑자)
暗黑(암흑)

아궁이에 불【灬】을 지펴, 굴뚝【里】으로 검은 연기가 나와 그을은 모양으로,
그을음의 색깔이 **검다**라는 뜻의 글자

韓國	中國	日本	英語	쓰기	黑 黑 黑
黑	黑	黑	黑		
검을 흑	hēi [헤이]	こく [코쿠]	black		

정자(획순)	활용 단어	유래 과정·설명

件

事件(사건)
物件(물건)
條件(조건)
文件(문건)

件 → 仴 → 件 → 件

사람이 소를 살 때, 힘이 세고 튼튼한지 여러 가지 조건을 잘 살펴서 고른다는 의미로, **조건**이라는 의미

韓國	中國	日本	英語
件	件	件	件
물건/조건 건	jiàn [지엔]	けん [켄]	affair/article

쓰기: 件 件 件

健

健康(건강)
健勝(건승)
健全(건전)
健鬪(건투)

→ 人 → 亻

→ 建 → 健 → 健

사람 인【人】과 세울 건【建】이 합쳐진 글자로, 항상 자세를 바로 세우는 사람은 몸이 튼튼하고 굳세다는 의미로, **굳세다**라는 뜻의 글자

韓國	中國	日本	英語
健	健	健	健
굳셀 건	jiàn [지엔]	けん [켄]	health

쓰기: 健 健 健

5급 빠진 한자 1회

格

格言(격언)
合格(합격)
性格(성격)
品格(품격)

→ 木 → 木

→ 各 → 各 → 格

나무【木】의 가지들이 제각기【各】마음대로 뻗어 있는 것 같지만, 사실은 나무라는 모양(형태)이 갖춰지게 잘 어울러서 격식이 있다는 의미로, **격식**이라는 글자

韓國	中國	日本	英語
格	格	格	格
격식 격	gé [끄어]	かく [카쿠]	form

쓰기: 格 格 格

具

家具(가구)
具備(구비)
具色(구색)
農具(농구)

→ 貝 → 具 → 具

솥이나 그릇에 두 손으로 음식을 만들거나 갖추어 놓은 모양으로, **갖추다**라는 뜻의 글자

韓國	中國	日本	英語
具	具	具	具
갖출 구	jù [쮜]	ぐ [쿠]	prepare

쓰기: 具 具 具

規

規定(규정)
規則(규칙)
規格(규격)
規範(규범)

→ 規 → 規 → 規

옛날 화살로 물건의 길이를 재거나 원을 그리는 컴퍼스로 이용하였는데 사물을 자세히 보고 바르게 재어 규범이나 **법규**라는 의미를 나타내는 글자

韓國	中國	日本	英語
規	規	規	規
법 규	guī [구에이]	き [키]	rule

쓰기: 規 規 規

정자(획순)	활용 단어	유래 과정·설명

汽

汽車(기차)
汽管(기관)
汽船(기선)
汽笛(기적)

물이 끓어 수증기가 나온다는 의미로, 김이라는 뜻의 글자

韓國	中國	日本	英語
汽	汽	汽	汽
물 끓는 김 기	qì [치]	き [키]	steam

쓰기 汽 汽 汽

壇

登壇(등단)
敎壇(교단)
講壇(강단)
祭壇(제단)

하늘에 제사를 지내기 위해 흙으로 높고 크게 쌓아올린 제단의 모양으로, 제단이라는 뜻의 글자

韓國	中國	日本	英語
壇	坛	壇	壇
단/제단 단	tán [탄]	だん [단]	altar

쓰기 壇 壇 壇

朗

朗讀(낭독)
朗誦(낭송)
明朗(명랑)
朗報(낭보)

좋을 량【良】과 달 월【月】이 합쳐진 글자로, 밤길을 밝혀주는 달빛이 밝고 좋다는 의미에서 밝다라는 뜻의 글자

韓國	中國	日本	英語
朗	郎	朗	朗
밝을 랑(낭)	lǎng [랑]	ろう [로]	bright

쓰기 朗 朗 朗

類

類似(유사)
人類(인류)
鳥類(조류)
種類(종류)

쌀알【米】처럼 많고 서로 닮은 개【犬】들이 머리【頁】를 같이 하여 무리를 지어 있다는 의미로, 무리라는 뜻의 글자

韓國	中國	日本	英語
類	类	類	類
무리 류(유)	lèi [레이]	るい [루이]	class/kind

쓰기 類 類 類

倍

倍加(배가)
倍數(배수)
百倍(백배)
倍率(배율)

사람 인과 가를 부가 합쳐진 글자로, 양쪽으로 갈라진 사람들을 합치면 그 수가 곱절(2배)이 된다는 의미의 글자

韓國	中國	日本	英語
倍	倍	倍	倍
곱 배	bèi [뻬이]	ばい [바이]	double

쓰기 倍 倍 倍

정자(획순)	활용 단어	유래 과정·설명

費

費用(비용)
浪費(낭비)
車費(차비)
經費(경비)

아닐 불/ 버릴 불【弗】과 재물을 뜻하는 조개 패【貝】가 합쳐진 글자.
돈 재물을 버리듯이 헛되이 쓴다는 의미로, **쓰다**라는 뜻의 글자

韓國	中國	日本	英語
費	费	費	費
쓸 비	fèi [페이]	ひ [히]	spend

쓰기 費 費 費

仕

給仕(급사)
奉仕(봉사)
出仕(출사)
仕進(사진)

임금 밑에서 작은 도끼로 법을 집행하는 선비는 벼슬에 오른 사람이라는 의미로,
벼슬이라는 뜻의 글자

韓國	中國	日本	英語
仕	仕	仕	仕
섬길/벼슬 사	shì [스]	し [시]	serve

쓰기 仕 仕 仕

5급
빠진 한자
3회

査

査察(사찰)
檢査(검사)
監査(감사)
調査(조사)

나무 목【木】과 또 차【且】가 합쳐진 글자로, 길에 나무를 자꾸 겹쳐 쌓아
방벽을 만들고 지나가는 사람들을 한 사람 한 사람 조사한다는 의미에서, **조사하다**라는 뜻의 글자

韓國	中國	日本	英語
査	查	査	査
조사할 사	chá [차]	さ [사]	inspect

쓰기 査 査 査

束

束縛(속박)
約束(약속)
結束(결속)
拘束(구속)

여러 그루의 나무들을 끈으로 묶어 놓은 모양으로, **묶다**라는 뜻의 글자

韓國	中國	日本	英語
束	束	束	束
묶을 속	shù [슈]	そく [소쿠]	tie

쓰기 束 束 束

曜

曜日(요일)
月曜日(월요일)
金曜日(금요일)
土曜日(토요일)

꿩의 날개깃털이 햇살에 비쳐 아름답게 빛난다는 의미로, **빛나다**라는 뜻의 글자

韓國	中國	日本	英語
曜	曜	曜	曜
빛날 요	yào [야오]	よう [요오]	dazzle

쓰기 曜 曜 曜

정자(획순)	활용 단어	유래 과정·설명

院

院生(원생)
院長(원장)
學院(학원)
病院(병원)

韓國	中國	日本	英語
院	院	院	院
집 원	yuàn [위엔]	いん [인]	yard

언덕【阝】 위에 관청이나 병원 같은 큰 집을 튼튼하게 지어, 여러 사람이 모일 수 있게 완전한【完】 모양을 갖추었다는 의미로, **큰 집**이라는 뜻의 글자

쓰기 院 院 院

任

任命(임명)
任期(임기)
任務(임무)
任員(임원)

韓國	中國	日本	英語
任	任	任	任
맡길 임	rèn [런]	にん [닌]	take charge

무거운 짐을 다른 사람의 등에 짊어지게 맡기는 모양으로, **맡기다**라는 뜻의 글자

쓰기 任 任 任

災

災殃(재앙)
災害(재해)
災難(재난)
火災(화재)

韓國	中國	日本	英語
災	灾	災	災
재앙 재	zāi [짜이]	さい [사이]	calamity

큰 냇물【巛】로 홍수가 나고 불【火】이 나서 다 타버린다는 의미로, **재앙**이라는 뜻의 글자 *재앙: 홍수, 산불 등 천재지변으로 인해 생긴 불행한 사고

쓰기 災 災 災

切

切斷(절단)
切望(절망)
切實(절실)
一切(일체)

韓國	中國	日本	英語
切	切	切	切
끊을 절/온통 체	qiē [치에]	さい [사이]	cut/all

칼【刀】로 짐승의 몸을 머리, 몸통, 다리 넷, 꼬리의 일곱【七】 부분으로 모두 끊는다는 의미로, **끊다**라는 뜻의 글자

쓰기 切 切 切

操

操作(조작)
操心(조심)
操縱(조종)
體操(체조)

韓國	中國	日本	英語
操	操	操	操
잡을 조	cāo [차오]	そう [소오]	manage

나무 위에서 시끄럽게 우는 많은 새를 잡기 위해 손을 부지런히 움직인다는 의미로, **잡다**라는 뜻의 글자

쓰기 操 操 操

정자(획순)	활용 단어	유래 과정·설명

州

濟州(제주)
慶州(경주)
亞洲(아주)
州郡(주군)

 → 이이이 → 州 → 州

옛날 흐르는 냇물 옆에 사람들이 모여 살아 고을(마을)이 만들어진 데서, **고을**이라는 뜻의 글자

韓國	中國	日本	英語
州	州	州	州

고을 주 | zhōu [쩌우] | しゅう [슈우] | district

쓰기 州 州 州

週

週日(주일)
週末(주말)
前週(전주)
每週(매주)

 → 週

마을의 주위를 한 바퀴 돌아 두루 살펴보며 간다는 의미로, **돈다**라는 뜻의 글자

韓國	中國	日本	英語
週	周	週	週

주일/돌 주 | zhōu [쩌우] | しゅう [슈우] | week

쓰기 週 週 週

5급 빠진 한자 5회

卓

卓球(탁구)
卓子(탁자)
食卓(식탁)
圓卓(원탁)

 → 卓 → 卓 → 卓

긴 자루가 달린 그물로 새를 잡는 모양으로, 새가 하늘 높이 난다는 데서 **높다**라는 뜻의 글자

韓國	中國	日本	英語
卓	卓	卓	卓

높을 탁 | zhuō [쥬어] | たく [타쿠] | high/table

쓰기 卓 卓 卓

炭

炭鑛(탄광)
炭素(탄소)
木炭(목탄)
煉炭(연탄)

 → 炭 → 炭 → 炭

산(山)에서 가져온 나무를 언덕(厂) 기슭에서 불(火)로 구워서 만든 것이 까만 **숯**이라는 뜻의 글자

韓國	中國	日本	英語
炭	炭	炭	炭

숯 탄 | tàn [탄] | たん [탄] | charcoal

쓰기 炭 炭 炭

板

板子(판자)
看板(간판)
珠板(주판)
黑板(흑판)

 → 木 → 木
→ 反 → 板

나무(木)를 아래위로 뒤집어(反) 가며 얇게 켜서 만든 것이 **널빤지**라는 의미의 글자

韓國	中國	日本	英語
板	板	板	板

널 판 | bǎn [빤] | はん [한] | board

쓰기 板 板 板

정자(획순)	활용 단어	유래 과정 · 설명

凶

凶作(흉작)
凶惡(흉악)
凶年(흉년)
吉凶(길흉)

韓國	中國	日本	英語
凶	凶	凶	凶
흉할 흉	xiōng [시옹]	きょう [쿄우]	bad

사람이 운 나쁘게 함정(구덩이)에 빠진 모양으로,
좋지 않고 **흉하다**라는 뜻의 글자

쓰기

凶 凶 凶

5급
빠진 한자
6회

준 4 급

준4級 급수漢字에서 빠진 한자 목록(75字)

監(감) 康(강) 檢(검) 缺(결) 警(경) 境(경) 係(계) 求(구) 宮(궁) 器(기) 努(노) 檀(단) 斷(단)

擔(담) 黨(당) 帶(대) 隊(대) 導(도) 毒(독) 督(독) 銅(동) 斗(두) 羅(라) 麗(려) 錄(록) 脈(맥)

牧(목) 博(박) 房(방) 背(배) 配(배) 罰(벌) 壁(벽) 邊(변) 寶(보) 復(복) 府(부) 副(부) 床(상)

狀(상) 掃(소) 息(식) 壓(압) 液(액) 演(연) 謠(요) 員(원) 衛(위) 爲(위) 障(장) 程(정) 制(제)

際(제) 提(제) 濟(제) 準(준) 職(직) 創(창) 銃(총) 總(총) 蓄(축) 築(축) 測(측) 置(치) 侵(침)

態(태) 包(포) 砲(포) 票(표) 航(항) 港(항) 驗(험) 護(호) 確(확) 吸(흡)

정자(획순)	활용 단어	유래 과정 · 설명

假 ⑪

假名(가명)
假想(가상)
假裝(가장)
假面(가면)

다른 사람【亻】에게서 빌린【叚】 물건(도구)을 자기 물건처럼 꾸미는 것은
거짓이라는 뜻의 글자

韓國	中國	日本	英語	쓰기
假	假	仮	假	假 假 假
거짓 가	jiǎ [지아]	か [카]	false	

街 ⑫

商街(상가)
市街(시가)
街販(가판)
街路樹(가로수)

사람이 많이 다니는 네거리【行】에 흙【土】을 많이 깔아 지나다니기 좋게
만들어 놓은 모양으로, **거리**라는 뜻의 글자

韓國	中國	日本	英語	쓰기
街	街	街	街	街 街 街
거리 가	jiē [지에]	がい [가이]	street	

減

減少(감소)
增減(증감)
減産(감산)
減員(감원)

물 수【氵】와 다 함【咸】을 합친 글자로, 꽉 다 차 있는 물은 가만히 두어도 점차
증발하여 차츰차츰 줄어드는데 꼭 누가 덜어내는 것 같다는 의미로, **덜다**라는 뜻의 글자

韓國	中國	日本	英語	쓰기
減	減	減	減	減 減 減
덜 감	jiǎn [지엔]	げん [겐]	decrease	

講 ⑰

講義(강의)
講堂(강당)
講師(강사)
終講(종강)

차곡차곡 얼겨서 잘 쌓아 놓은 나무처럼, 말【言】을 조리 있게 잘
엮어서【冓얽을 구】 설명(강의)하여 그것을 익히게 한다는 의미로, **익히다**라는 뜻의 글자

韓國	中國	日本	英語	쓰기
講	讲	講	講	講 講 講
욀/익힐 강	jiǎng [지앙]	こう [코오]	speech	

個 ⑩

個別(개별)
個人(개인)
個性(개성)
個當(개당)

같은 사람【亻】이라도 제각기 성격이나 얼굴이 달라 굳어진【固】 개성을 가지고 있는데,
이것이 한 사람(낱)의 **개인**이라는 뜻의 글자 ＊사람이나 물건을 세는 단위로 **낱**을 뜻함

韓國	中國	日本	英語	쓰기
個	个	個	個	個 個 個
낱 개	gè [끄어]	こ [코]	piece	

정자(획순)	활용 단어	유래 과정·설명

潔

潔白(결백)
淸潔(청결)
純潔(순결)
不潔(불결)

삼나무【丰】를 칼【刀】로 아주 얇게 베어 만든 삼실【糸】을 물【氵】에 빨면 하양게 깨끗해진다는 의미로, **깨끗하다**라는 뜻의 글자

韓國	中國	日本	英語	
潔	洁	潔	潔	쓰기 潔
깨끗할 결	jié [지에]	けつ [케쯔]	pure	

經

經營(경영)
經濟(경제)
經歷(경력)
經書(경서)

실【糸】을 베틀【巠】에 걸어 베를 짤 때, 고정되어 있는 날실(세로 실)에 씨실(가로 실)이 지나가야 비로소 베가 된다는 의미로, **지나다**라는 뜻의 글자

韓國	中國	日本	英語	
經	经	経	經	쓰기 經
지날/글 경	jīng [징]	けい [케에]	pass through	

慶

慶事(경사)
慶祝(경축)
國慶日(국경일)
慶弔事(경조사)

이웃의 경사스러운 잔치에 귀한 사슴 고기【鹿】를 즐거운 마음【心】으로 가지고 가서【夊】축하한다는 의미에서, **경사**라는 뜻의 글자

韓國	中國	日本	英語	
慶	庆	慶	慶	쓰기 慶
경사 경	qìng [칭]	けい [케에]	celebrate	

故

故鄉(고향)
故意(고의)
故障(고장)
事故(사고)

옛날【古】일을 회초리로 들추어【夊】내어 그 까닭을 캐낸다는 의미로, **옛·연고**라는 뜻의 글자

韓國	中國	日本	英語	
故	故	故	故	쓰기 故
연고/옛 고	gù [꾸]	こ [코]	cause	

官

官吏(관리)
官舍(관사)
長官(장관)
官公署(관공서)

언덕【𠂤】처럼 높은 곳에 있는 큰 집【宀】은 관청으로, 그 안에 있는 사람들은 벼슬을 하는 **관리**라는 의미의 글자

韓國	中國	日本	英語	
官	官	官	官	쓰기 官
벼슬 관	guān [꾸안]	かん [칸]	official	

즐**4**급 2회

정자(획순)	활용 단어	유래 과정 · 설명

句

文句(문구)
句節(구절)
語句(어구)
一言半句(일언반구)

韓國	中國	日本	英語
句	句	句	句
글귀 구	jù [쮜]	く [쿠]	phrase

句 → 句 → 句 → 句

쌀 포【勹】와 입 구【口】가 합쳐진 모양으로, 입으로 하는 말은 한 번에 할 수 있는,
즉 한 번에 읽을 수 있는 것이 글귀라는 의미로, 글귀를 뜻하는 글자 *글귀: 끊어진 한 토막의 글

쓰기 句 句 句

究

研究(연구)
探究(탐구)
學究(학구)
究明(구명)

韓國	中國	日本	英語
究	究	究	究
연구할 구	jiū [지어우]	きゅう [큐우]	inquire

동굴【穴】 속에 어떤 것이 있고 어떻게 생겼는지 끝【九】까지 구석구석 살펴보고 연구한다는
의미로, 연구하다라는 뜻의 글자 *아홉 구【九】는 한 자리 수의 끝자리 수라는 데서 끝을 나타냄

쓰기 究 究 究

즐4급
3회

權

權力(권력)
權利(권리)
執權(집권)
政權(정권)

韓國	中國	日本	英語
權	权	権	權
권세 권	quán [취엔]	けん [켄]	power

나무【木】 위에 큰 황새【雚】가 세력을 떨치고 있어, 다른 작은 새들이
감히 가까이하지 못하는 권세를 가지고 있는 모양으로, 권세라는 뜻의 글자

쓰기 權 權 權

極

極致(극치)
南極(남극)
極端(극단)
極祕(극비)

韓國	中國	日本	英語
極	极	極	極
다할/극진할 극	jí [지]	きょく [쿄쿠]	utmost

굵고 큰 나무【木】로 천정을 받치는 대들보를 세우기 위해 빠른【亟】 움직임으로
지극히 정성을 다하는 데서 나와 다하다라는 뜻의 글자

쓰기 極 極 極

禁

禁止(금지)
禁煙(금연)
監禁(감금)
嚴禁(엄금)

韓國	中國	日本	英語
禁	禁	禁	禁
금할 금	jìn [찐]	きん [킨]	forbid

수풀 림【林】과 보일 시【示】가 합쳐진 글자로, 수풀【林】 속 신성한 곳에 있는 신전에는 아무나 다가갈 수
없게 접근을 금한다는 의미로, 금하다라는 뜻의 글자 *신전: 신께 제물을 바치고 제사를 지내는 곳

쓰기 禁 禁 禁

정자(획순)	활용 단어	유래 과정·설명

起

起立(기립)
起床(기상)
起源(기원)
起工(기공)

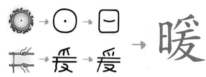

달릴 주【走】와 몸 기【己】가 합쳐진 글자로, 몸을 웅크린 준비 자세에서 달리기 위해 몸을 일으킨다는 의미로, **일어나다**라는 뜻의 글자

韓國	中國	日本	英語		쓰기
起	起	起	起		起　起　起
일어날 기	qǐ [치]	き [키]	rise		

暖

暖房(난방)
暖流(난류)
暖冬(난동)
溫暖化(온난화)

햇 빛【日】을 당기어【爰】 늘려 **따뜻하게 하다**라는 의미의 글자

韓國	中國	日本	英語		쓰기
暖	暖	暖	暖		暖　暖　暖
따뜻할 난	nuǎn [누안]	だん [단]	warm		

難

困難(곤란)
難色(난색)
詰難(힐난)
難易度(난이도)

진흙 근【堇】과 새 추【隹】가 합쳐진 글자로, 새가 진흙에 빠져 날기도 걷기도 어려운 상태를 나타내 **어렵다**라는 뜻의 글자

준4급
4획

韓國	中國	日本	英語		쓰기
難	难	難	難		難　難　難
어려울 란(난)	nán [난]	なん [난]	difficult		

怒

憤怒(분노)
激怒(격노)
怒氣(노기)

잡혀온 여자 노예【奴】의 마음【心】이 분노로 성이 나 있는 모양으로, **성내다**라는 뜻의 글자

韓國	中國	日本	英語		쓰기
怒	怒	怒	怒		怒　怒　怒
성낼 노	nù [누]	ど [도]	angry		

論

討論(토론)
論述(논술)
論文(논문)
結論(결론)

많은 책【冊】을 읽어 자기의 의견을 하나로 뭉쳐서【스 모을 집】 조리 있게 말한다【言】는 의미로, **논하다**라는 뜻의 글자

韓國	中國	日本	英語		쓰기
論	论	論	論		論　論　論
논할 론(논)	lùn [룬]	ろん [론]	discuss		

정자(획순)	활용 단어	유래 과정·설명

單

單價(단가)
單語(단어)
名單(명단)
單獨(단독)

→ 單 → 單 → 單

전쟁 때 맨 앞에 홀로 나아가 적의 장군과 싸우는 선봉 장군을 상징하는 끝이 둘로 갈라진 큰 창을 나타내어, **혼자·홀로**라는 뜻의 글자

韓國	中國	日本	英語
單	单	単	單
홀/하나 단	dān [딴]	たん [탄]	single

쓰기 : 單 單 單

端

端緒(단서)
端午(단오)
尖端(첨단)
端正(단정)

→ 亠 → 立
→ 耑 → 耑 → 端

울창한 나무들이 있는 산에서 이어져 내려온 씨앗이 계기【실마리, 耑 시초 단】가 되어 그 끝에 새싹이 서【立】 있다는 의미로, **끝**이라는 뜻의 글자 *다른 뜻: 실마리 단, 바를 단

韓國	中國	日本	英語
端	端	端	端
끝 단	duān [뚜안]	たん [탄]	edge

쓰기 : 端 端 端

준4급 5회

達

通達(통달)
到達(도달)
未達(미달)
達成(달성)

→ 大 → 夲 → 幸
→ 辶 → 達

잘 걷지 못하는 작은 새끼 양【羊】이 뒤뚱거리며 천천히 걸어가【辶】 엄마 양이 있는 곳【土 땅】에 이른다는 의미로, **이르다**라는 뜻의 글자

韓國	中國	日本	英語
達	达	達	達
통달할/이를 달	dá [다]	たつ [다쯔]	master

쓰기 : 達 達 達

豆

豆乳(두유)
豆腐(두부)
綠豆(녹두)
種豆得豆(종두득두)

→ 豆 → 豆 → 豆

콩을 담던 그릇【豆】의 모양이 콩 껍질과 닮은 것을 나타내어, **콩**을 뜻하는 글자

韓國	中國	日本	英語
豆	豆	豆	豆
콩 두	dòu [떠우]	とう [토오]	bean

쓰기 : 豆 豆 豆

得

利得(이득)
得失(득실)
所得(소득)
得點(득점)

→ 彳 → 彳
→ 导 → 导 → 得

길을 가다가【彳 자축거릴 척】 조개【貝은 貝의 획 줄임】(재물)를 손【寸】으로 주운 모양으로, 생각지도 않은 것을 우연히 얻은 것을 나타내, **얻다**라는 뜻의 글자

韓國	中國	日本	英語
得	得	得	得
얻을 득	dé [드어]	とく [토쿠]	get

쓰기 : 得 得 得

정자(획순)	활용 단어	유래 과정 · 설명

燈

燈臺(등대)
消燈(소등)
電燈(전등)
照明燈(조명등)

불【火】을 밝혀 높은 곳에 올려【登】 놓는 것이 등불이라는 의미로, **등불**을 뜻하는 글자

韓國	中國	日本	英語
燈	灯	灯	燈
등/등잔 등	dēng [떵]	とう [토오]	lamp

쓰기 燈 燈 燈

兩

兩面(양면)
兩側(양측)
兩親(양친)
兩者擇一(양자택일)

옛날 쇠붙이(돈)를 저울의 두 쪽에 올려놓고【兩】 그 가치를 제는 모양으로, **둘**이라는 뜻의 글자

韓國	中國	日本	英語
兩	两	両	兩
두 량(양)	liǎng [리앙]	りょう [료오]	both

쓰기 兩 兩 兩

連

連結(연결)
連續(연속)
連絡(연락)
連載(인재)

여러 대의 수레【車】들이 길에 연이어져 쭉 가고【辶】 있는 모양에서 **이어져 있다**라는 뜻의 글자

韓國	中國	日本	英語
連	连	連	連
이을 련(연)	lián [리엔]	れん [렌]	connect

쓰기 連 連 連

졸4급
6회

列

列強(열강)
羅列(나열)
列擧(열거)
列車(열차)
行列(항렬)

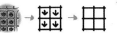

고기를 먹기 위해 칼【刂】로 짐승의 뼈【歹 뼈 앙상할 알】를 발라내어 벌려 놓는다는 의미로, **벌리다**라는 뜻의 글자

韓國	中國	日本	英語
列	列	列	列
벌릴 렬(열)	liè [리에]	れつ [레쯔]	arrange in order

쓰기 列 列 列

留

押留(압류)
留學(유학)
滯留(체류)
抑留(억류)

돌아갈 것을 생각하여 대문【卯】을 열어둔 채로 잠시 밭【田】에 나가 농사일을 하기 위해 **머무른다**라는 의미에서 나온 글자

韓國	中國	日本	英語
留	留	留	留
머무를 류(유)	liú [리어우]	りゅう [류우]	stay

쓰기 留 留 留

한중일 공통한자 808자

정자(획순)	활용 단어	유래 과정·설명

律

自律(자율)
規律(규율)
法律(법률)
戒律(계율)

韓國	中國	日本	英語
律	律	律	律
법칙 률(율)	lǜ [뤼]	りつ [리쯔]	law

十 → 彳 → 彳
⟋ → 聿 → 聿 → 律

사람이 마땅히 가야【彳】할 길(도리)을 붓【聿 붓 율】으로 적어둔 것이
법이라는 의미로, **법**을 뜻하는 글자

쓰기: 律 律 律

滿

滿足(만족)
滿員(만원)
不滿(불만)
肥滿(비만)

韓國	中國	日本	英語
滿	滿	滿	滿
찰 만	mǎn [만]	まん [만]	full

川 → 水 → 水／氵
🖤 → 㒼 → 㒼 → 滿

물병【㒼】에 물【氵】이 가득 차 있는 모양으로, **차다**라는 뜻의 글자

쓰기: 滿 滿 滿

물병

毛

 준4급 7회

羊毛(양모)
毛髮(모발)
毛皮(모피)
純毛(순모)

韓國	中國	日本	英語
毛	毛	毛	毛
터럭/털 모	máo [마오]	もう [모오]	hair

🐛 → 毛 → 毛 → 毛

새의 깃털이나 짐승의 털을 나타내어 **털**이라는 뜻의 글자

쓰기: 毛 毛 毛

武

武力(무력)
武裝(무장)
文武(문무)
武器(무기)
武勇(무용)

韓國	中國	日本	英語
武	武	武	武
호반/굳셀 무	wǔ [우]	ぶ [부]	military

才 → 弌 → 弋／弌
👣 → 止 → 止／止 → 武

창【戈】을 들고 국경에 발【止】을 딛고 서서 나라를 지키는 군인들은
군세고 강하다는 의미로, **강하다**라는 뜻의 글자 *다른 뜻: 강할 무, 호반 무

쓰기: 武 武 武

務

勤務(근무)
公務(공무)
職務(직무)
業務(업무)

韓國	中國	日本	英語
務	务	務	務
힘쓸 무	wù [우]	む [무]	endeavour

矛 → 矜 → 敄
♥ → 力 → 力 → 務

병사가 훈련을 할 때, 창【矛】으로 찌르고 휘둘러치고【攵】하여 모든 힘【力】을
다하여 열심히 힘쓴다는 의미로, **힘쓰다**라는 뜻의 글자

쓰기: 務 務 務

정자(획순)	활용 단어	유래 과정·설명

未⑤

未來(미래)
未婚(미혼)
未納(미납)
未成年(미성년)

나무【木】 끝에 어린 가지【一】가 돋아나 덜 자란 모양으로, 아직 제대로 된 가지가 아니라는 의미로, **아니다**라는 뜻의 글자 *다른 뜻: 아직 미, 못할 미

韓國	中國	日本	英語
未	未	未	未
아닐 미	wèi [웨이]	み [미]	not yet

쓰기 未

味⑧

味覺(미각)
味感(미감)
性味(성미)
興味(흥미)

아직【未】 다 만들어지지 않은 음식을 중간중간 입【口】에 넣어 간이 맞는지 맛을 본다는 의미로, **맛**이라는 뜻의 글자

韓國	中國	日本	英語
味	味	味	味
맛 미	wèi [웨이]	み [미]	taste

쓰기 味

密⑪

祕密(비밀)
密集(밀집)
密談(밀담)
密輸(밀수)
密林(밀림)

집【宀】을 지을 때 반드시 필요【必】한 나무가 산【山】에 빽빽하게 있다는 의미로, **빽빽하다**라는 뜻의 글자

韓國	中國	日本	英語
密	密	密	密
빽빽할 밀	mì [미]	みつ [미쯔]	dense

쓰기 密

준4급 8회

防⑦

防備(방비)
國防(국방)
防止(방지)
防犯(방범)

물이 넘치는 방향【方】에 흙으로 언덕【阝】(둑)을 쌓아 홍수를 막는다는 의미로, **막다**라는 뜻의 글자

韓國	中國	日本	英語
防	防	防	防
막을 방	fāng [팡]	ぼう [보오]	protect

쓰기 防

訪⑪

訪問(방문)
訪韓(방한)
探訪(탐방)
巡訪(순방)

올바른 길을 찾기 위해 사방【方】으로 말【言】을 걸고 물어보아서 찾는다는 의미로, **찾다**라는 뜻의 글자

韓國	中國	日本	英語
訪	访	訪	訪
찾을 방	fǎng [팡]	ほう [호오]	visit

쓰기 訪

정자(획순)	활용 단어	유래 과정·설명

拜⑨

崇拜(숭배)
禮拜(예배)
參拜(참배)
歲拜(세배)

韓國	中國	日本	英語
拜	拜	拝	拜
절 배	bài [빠이]	はい [하이]	bow

손【手】과 손【手】을 하나【一】로 모으고 몸을 아래로 숙여 절을 한다는 의미로, **절**이라는 뜻의 글자

쓰기 拜 拜 拜

伐⑥

討伐(토벌)
殺伐(살벌)
征伐(정벌)
伐草(벌초)
伐木(벌목)

韓國	中國	日本	英語
伐	伐	伐	伐
칠 벌	fá [파]	ばつ [바쯔]	attack

사람 인【亻】과 창 과【戈】가 합쳐진 글자로, 사람이 창으로 적을 치고 벤다는 의미로, **치다**라는 뜻의 글자

쓰기 伐 伐 伐

步⑦

步行(보행)
步調(보조)
初步(초보)
五十步百步(오십보백보)

韓國	中國	日本	英語
步	步	步	步
걸음 보	bù [뿌]	ほ [호]	walk

멈춰 있는 앞의 발【止】과 움직이는 뒤의 발【止】이 합쳐져 사람의 두 발이 **걷고 있다**라는 의미의 글자

쓰기 步 步 步

保⑨

保證(보증)
保險(보험)
確保(확보)
保護(보호)
保管(보관)

韓國	中國	日本	英語
保	保	保	保
지킬/보호할 보	bǎo [빠오]	ほ [호]	keep

부모와 같은 어른【亻 사람】들이 갓 태어난 아기를 강보【呆】로 잘 감싸고 보호한다는 의미로, **보호하다**라는 뜻의 글자

쓰기 保 保 保

報⑫

報償(보상)
報告(보고)
通報(통보)
報恩(보은)
報答(보답)

韓國	中國	日本	英語
報	报	報	報
갚을/알릴 보	bào [바오]	ほう [호오]	reward

죄인을 수갑으로 묶고【幸】 무릎을 꿇게 하여【卩】 지은 죄를 알려주고 벌을 내려 그 죗값을 갚게 한다는 의미로, **갚다**라는 뜻의 글자

쓰기 報 報 報

 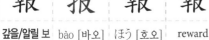

정자(획순)	활용 단어	유래 과정·설명

婦 ⑪

夫婦(부부)
新婦(신부)
主婦(주부)
姑婦(고부)

손에 빗자루【帚】를 쥐고 집 안 청소를 하는 여자【女】는 시집을 가서 남편이 있는
지어미·**아내** 혹은 **며느리**라는 뜻의 글자

韓國	中國	日本	英語	쓰기
婦	妇	婦	婦	婦

며느리/아내 부 | fù [푸] | ふ [후] | wife

富 ⑫

富者(부자)
富貴(부귀)
富國(부국)
富裕(부유)

집【宀】 안에 술이 가득한 병【畐】들도 많고, 밭【田】도 많이 가지고 있으면 **부자**라는 뜻의 글자

韓國	中國	日本	英語	쓰기
富	富	富	富	富

부자 부 | fù [푸] | ふ [후] | rich

佛 ⑦

佛敎(불교)
佛經(불경)
佛塔(불탑)
石佛(석불)

준4급 10회

사람【亻】의 모습을 하고 있지만 사람이 아니다【弗】라는 의미로,
즉 보통 사람의 욕심, 분노, 번뇌(고통)가 있지 않은 사람이 **부처**라는 뜻의 글자

韓國	中國	日本	英語	쓰기
佛	佛	仏	佛	佛

부처 불 | fó [포어] | ぶつ [부쯔] | buddha

非 ⑧

非常(비상)
非難(비난)
非理(비리)
非情(비정)

날아가는 새의 두 날개【非】가 각각 다른 방향으로 펼쳐져 같은 방향이
아니라는 의미로, **아니다**라는 뜻의 글자

韓國	中國	日本	英語	쓰기
非	非	非	非	非

아닐 비 | fēi [페이] | ひ [히] | not

飛 ⑨

飛翔(비상)
雄飛(웅비)
飛虎(비호)
飛行機(비행기)

새가 두 날개【飛】를 활짝 펴고 하늘 높이 날아가는 모양으로,
날다라는 뜻의 글자

韓國	中國	日本	英語	쓰기
飛	飞	飛	飛	飛

날 비 | fēi [페이] | ひ [히] | fly

정자(획순)	활용 단어	유래 과정 · 설명

備
①②③④⑤⑥⑦⑧⑨⑫

對備(대비)
警備(경비)
準備(준비)
守備(수비)
無防備(무방비)

韓國	中國	日本	英語
備	备	備	備
갖출 비	bèi [뻬이]	び [비]	prepare

옛날, 군인【亻】(사람)들이 전쟁이 날 것을 대비하여 미리미리 활통에
화살을 갖추어 둔 모양으로, **갖추다**라는 뜻의 글자

쓰기 備 備 備

悲
⑫

悲劇(비극)
悲慘(비참)
喜悲(희비)
悲報(비보)

韓國	中國	日本	英語
悲	悲	悲	悲
슬플 비	bēi [뻬이]	ひ [히]	sad

아닐 비【非】와 마음 심【心】이 합쳐진 글자로, 평소의 자기 마음【心】이
아닐 비【非】 정도로 너무나 슬프다는 의미에서 **슬프다**라는 뜻의 글자

쓰기 悲 悲 悲

준4급
11회

貧
⑪

貧困(빈곤)
貧富(빈부)
淸貧(청빈)
貧血(빈혈)

韓國	中國	日本	英語
貧	贫	貧	貧
가난할 빈	pín [핀]	ひん [힌]	poor

나눌 분【分】과 재물을 뜻하는 조개 패【貝】가 합쳐진 글자로, 있는 재물을 자꾸
나누어 써버려 가난하게 되었다는 의미에서 **가난하다**라는 뜻의 글자

쓰기 貧 貧 貧

寺
⑥

寺院(사원)
山寺(산사)
寺刹(사찰)
佛國寺(불국사)

韓國	中國	日本	英語
寺	寺	寺	寺
절 사	sì [쓰]	じ [지]	temple

앞으로 '나아가는' 발【之】과 일정하게 맥박이 뛰는 손【寸】(목)을 나타내어, 맥박이 뛰는 것처럼 일정한 규칙과 법도
에 따라 일을 해 나아가는 곳, **절·관청**을 뜻하는 글자 *옛날에는 절에서 백성의 일을 많이 도와주었다.

쓰기 寺 寺 寺

舍
⑧

幕舍(막사)
廳舍(청사)
畜舍(축사)
寄宿舍(기숙사)

韓國	中國	日本	英語
舍	舍	舍	舍
집 사	shè [셔]	しや [샤]	house

지붕과 기둥 그리고 대들보【舍】를 나타낸 간단하게 지은 집의 모양으로,
집을 뜻하는 글자

쓰기 舍 舍 舍

정자(획순)	활용 단어	유래 과정·설명

師

師弟(사제)
講師(강사)
醫師(의사)
料理師(요리사)

韓國	中國	日本	英語
師	师	師	師
스승 사	shī [스]	し [시]	teacher

군사들의 막사【阜】가 대장 깃발【巾】을 중심으로 에워싸 있는 모양으로, 선생님이 제자에게 에워싸여 가르치는 것에서 **스승**이라는 뜻의 글자

쓰기 師

謝

謝過(사과)
謝意(사의)
感謝(감사)
謝絶(사절)

韓國	中國	日本	英語
謝	谢	謝	謝
사례할 사	xiè [시에]	しゃ [샤]	thank

말씀 언【言】과 쏠 사【射】가 합쳐진 글자로, 상대방이 베풀어 준 은혜에 대해서 조금도 머뭇거림 없이 화살을 쏘아버리듯 빨리 감사의 말을 하여 사례해야 한다는 의미에서 **사례하다**라는 뜻의 글자

쓰기 謝

殺

殺人(살인)
打殺(타살)
銃殺(총살)
減殺(감쇄)

韓國	中國	日本	英語
殺	杀	殺	殺
죽일 살	shā [샤]	さつ [사쯔]	kill

들짐승을 몽둥이【殳】나 창으로 찌르고 목【木】에 칼을 꽂아【乂】 죽이는 모양으로, **죽이다**라는 뜻의 글자 *다른 뜻: 감할 쇄

쓰기 殺

즐4급
12회

常

常識(상식)
常駐(상주)
恒常(항상)
常設(상설)
賞狀(상장)

韓國	中國	日本	英語
常	常	常	常
항상 상	cháng [창]	じょう [죠오]	usually

옛날부터 사람들은 옷【巾】을 귀한 것으로 여겨 높이【尙】 받들고, 항상 입고 있다는 의미로, **항상**이라는 뜻의 글자 *수건 건【巾】은 베, 옷감을 말함 *다른 뜻: 떳떳할 상, 문서 장

쓰기 常

想

想像(상상)
豫想(예상)
假想(가상)
構想(구상)

韓國	中國	日本	英語
想	想	想	想
생각 상	xiāng [시앙]	そう [소오]	imagine

친구로 사귀기 위해서는 서로의【相】가 상대방을 마음【心】속으로 살펴 생각해야 한다는 의미로, **생각하다**라는 뜻의 글자

쓰기 想

정자(획순)	활용 단어	유래 과정·설명

設 (11)

設立(설립)
建設(건설)
設置(설치)
施設(시설)

간절히 부탁하는 말【言】을 듣고 망치【殳】로 열심히 만들어 남에게 베풀어 준다는 의미로, **베풀다**라는 뜻의 글자

韓國	中國	日本	英語
設	设	設	設
베풀 설	shè [셔]	せつ [세쯔]	establish

쓰기 設 設 設

城 ⑩

城門(성문)
山城(산성)
城郭(성곽)
萬里長城(만리장성)

백성들이 편안히 모여 살 수 있게 흙【土】으로 높게 쌓아올려 이룬【成】 것이 **성**(도성)이라는 뜻의 글자

韓國	中國	日本	英語
城	城	城	城
재/성 성	chéng [청]	じょう [죠오]	castle

쓰기 城 城 城

준4급
13회

星 ⑨

衛星(위성)
彗星(혜성)
金星(금성)
占星術(점성술)

낮의 태양【日】처럼 밤에 빛이 나는【生】 것이 **별**이라는 뜻의 글자

韓國	中國	日本	英語
星	星	星	星
별/해 성	xīng [씽]	せい [세이]	star

쓰기 星 星 星

盛 ⑫

盛況(성황)
繁盛(번성)
盛需期(성수기)
珍羞盛饌(진수성찬)

많은 전쟁에서 이겨 모든 것을 이룬【成】 나라의 백성들은 항상 접시【皿】 가득 음식물이 풍성하고 나라가 융성하다는 의미로, **성하다**라는 뜻의 글자 *다른 뜻: 무성할 성

韓國	中國	日本	英語
盛	盛	盛	盛
성할 성	shèng [셩]	せい [세이]	thriving

쓰기 盛 盛 盛

聖

聖堂(성당)
聖誕(성탄)
聖恩(성은)
聖經(성경)
聖人(성인)

남의 말에 귀【耳】를 기울이며 옳은 말【口】을 하고 항상 몸가짐이 곧고 바른 선비【壬】는 모든 사람이 존경하고 우러러보는 성스러운 **사람**(성인)이라는 뜻의 글자

韓國	中國	日本	英語
聖	圣	聖	聖
성인 성	shèng [셩]	せい [세이]	divine

쓰기 聖 聖 聖

정자(획순)	활용 단어	유래 과정·설명

誠
精誠(정성)
誠意(성의)
誠實(성실)
熱誠(열성)

말씀 언【言】과 이룰 성【成】이 합쳐진 글자로, 말로 한 것을 꼭 이루기 위해서는 정성이 들어가야 한다는 의미에서 **정성**이라는 뜻의 글자

韓國	中國	日本	英語
誠	诚	誠	誠
정성 성	chéng [청]	せい [세이]	sincere

쓰기 誠

聲
聲優(성우)
聲樂(성악)
音聲(음성)
怪聲(괴성)

악기【声】를 치면【殳】 귀【耳】에 들리는 것이 소리라는 의미로, **소리**를 뜻하는 글자

韓國	中國	日本	英語
聲	声	声	聲
소리 성	shēng [셩]	せい [세이]	voice

쓰기 聲

細
詳細(상세)
細胞(세포)
細菌(세균)
細密(세밀)

누에들이 자라는 뽕밭【田】에서 직접 뽑은 명주실【糸】은 아주 가늘다는 의미로, **가늘다**라는 뜻의 글자

韓國	中國	日本	英語
細	细	細	細
가늘 세	xì [씨]	さい [사이]	thin

쓰기 細

즐4급 14회

稅
稅金(세금)
免稅(면세)
課稅(과세)
徵稅(징세)
所得稅(소득세)

벼【禾】농사가 풍년이 들어 즐거운 마음으로【兌】 나라에 세금을 낸다는 의미로, **세금**이라는 뜻의 글자 *세: 나라에 바치는 돈이나 곡물

韓國	中國	日本	英語
稅	税	税	稅
세금 세	shuì [슈에이]	ぜい [제에]	tax

쓰기 稅

勢
勢力(세력)
權勢(권세)
優勢(우세)
症勢(증세)

심어 놓은 초목【埶 심을 예】이 힘【力】차게 자라나 기세가 있다는 의미로, **기세**를 뜻하는 글자

韓國	中國	日本	英語
勢	势	勢	勢
형세/기세 세	shì [스]	せい [세이]	force

쓰기 勢

정자(획순)	활용 단어	유래 과정 · 설명

笑 ⑩

談笑(담소)
微笑(미소)
冷笑(냉소)
拍掌大笑(박장대소)

대나무【竹】가 바람에 휘어지며 내는 소리와 사람이 허리가 휘어지게【夭】
웃는 소리가 비슷하다는 의미로, **웃다**라는 뜻의 글자

韓國	中國	日本	英語	쓰기	笑 笑 笑
笑	笑	笑	笑		
웃음 소	xiào [시아오]	しょう [쇼오]	laugh		

素 ⑩

素朴(소박)
素養(소양)
儉素(검소)
要素(요소)

실【糸】의 근본, 주【主】된 바탕색이 희다는 데서, **희다**라는 뜻의 글자

韓國	中國	日本	英語	쓰기	素 素 素
素	素	素	素		
본디/바탕/흴 소	sù [쑤]	そ [소]	white		

준4급 15회

俗 ⑨

俗談(속담)
民俗(민속)
風俗(풍속)
美風良俗(미풍양속)

사람【亻】들이 한 골짜기【谷】밑에서 모여 오래 살면, 같은 풍속을 가진다는 의미로, **풍속**을 뜻하는 글자

韓國	中國	日本	英語	쓰기	俗 俗 俗
俗	俗	俗	俗		
풍속/관습 속	sú [수]	ぞく [조쿠]	custom		

續

持續(지속)
繼續(계속)
相續(상속)
接續(접속)

실 사【糸】와 팔 매【賣】가 합쳐진 글자로, 물건을 팔 때는 실이 이어지듯이
팔 물건이 떨어지지 않게 계속 연결되어 이어져야 한다는 의미로, **잇다**라는 뜻의 글자

韓國	中國	日本	英語	쓰기	續 續 續
續	续	続	續		
이을 속	xù [쒸]	ぞく [조쿠]	continue		

送 ⑩

放送(방송)
送金(송금)
運送(운송)
送達(송달)

바람에 흔들리는 대나무 소리와 같은 웃음으로, 길을 떠나가는【辶】사람에게
웃음【关】으로 **보낸다**라는 뜻의 글자

韓國	中國	日本	英語	쓰기	送 送 送
送	送	送	送		
보낼 송	sòng [쏭]	そう [소오]	send		

정자(획순)	활용 단어	유래 과정·설명

收⑥

收入(수입)
秋收(추수)
收穫(수확)
領收證(영수증)

韓國	中國	日本	英語
收	收	収	收

거둘 수 | shōu [셔우] | しゅう [슈우] | collect

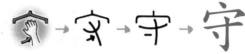

얽혀【丩】있는 줄기를 막대기로 쳐서【攵】떨어지는 열매를 거둔다는 의미로, **거두다**라는 뜻의 글자

쓰기 收 收 收

守⑥

守備(수비)
守則(수칙)
郡守(군수)
死守(사수)

韓國	中國	日本	英語
守	守	守	守

지킬 수 | shǒu [셔우] | しゅ [슈] | keep

여러 사람이 사는 집【宀】안에서는 손목【寸】의 규칙적인 맥박처럼 일정한 규범과 법도를 잘 지켜야 한다는 의미로, **지키다**라는 뜻의 글자

쓰기 守 守 守

受⑧

受用(수용)
受信(수신)
受諾(수락)
受講(수강)

韓國	中國	日本	英語
受	受	受	受

받을 수 | shòu [셔우] | じゅ [쥬] | receive

붓을 주는 상대방【爪】에게 손【又】을 내밀어 받는 모양에서 만들어져, **받다**라는 뜻의 글자

쓰기 受 受 受

준**4**급 16회

修⑩

補修(보수)
修繕(수선)
修理(수리)
修學旅行(수학여행)

韓國	中國	日本	英語
修	修	修	修

닦을 수 | xiū [시어우] | しゅう [슈우] | cultivate

멀리 흐르는 맑은 물에 머리【彡】를 감고 몸【亻】을 깨끗이 하듯【攵】사람의 마음을 닦는다는 의미로, **닦다**라는 뜻의 글자

쓰기 修 修 修

授⑪

授與(수여)
教授(교수)
授業(수업)
傳授(전수)

韓國	中國	日本	英語
授	授	授	授

줄 수 | shòu [셔우] | じゅ [쥬] | give

상대방이 받을 수 있도록 양손【扌】으로 공손히 내밀어 주는【受】모양으로, **주다**라는 뜻의 글자

쓰기 授 授 授

정자(획순)	활용 단어	유래 과정·설명

純⑩	純粹(순수) 純益(순익) 單純(단순) 不純(불순)	 실 사【糸】와 모일 둔【屯】이 합쳐진 글자로, 염색하지 않은 생실들만 모아 두어 깨끗하고 순수하다는 의미로, **순수하다**라는 뜻의 글자

韓國	中國	日本	英語	
純	纯	純	純	쓰기 純 純 純
순수할 순	chún [춘]	じゅん [준]	pure	

承⑧	承繼(승계) 承諾(승낙) 承認(승인) 承服(승복)	→承→承→承 임금이 말씀한 중요한 것(교지)을 받들고 실천하기 위해 손【手】을 높이 하여 **받는다**라는 뜻의 글자

韓國	中國	日本	英語	
承	承	承	承	쓰기 承 承 承
이을 승	chéng [청]	しょう [쇼오]	inherit	

是⑨	是非(시비) 是認(시인) 是正(시정) 國是(국시)	→吅→是→是 해【日】는 매일같이 동쪽에서 서쪽으로 같은 길을 어긋남 없이【正 바르게】 움직여 가는데 그 모양이 올바르다는 의미로, **옳다**라는 뜻의 글자

韓國	中國	日本	英語	
是	是	是	是	쓰기 是 是 是
이/옳을 시	shì [스]	ぜ [제]	right	

施⑨	施工(시공) 實施(실시) 施術(시술) 施設(시설)	→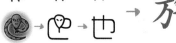→施 나라의 군대가 깃발【放】을 꽂아 놓고 백성을 위해 뱀【也】을 잡아주어 안심하고 살 수 있게 은혜를 베풀어 준다는 의미로, 해주다 · **베풀다**라는 뜻의 글자

韓國	中國	日本	英語	
施	施	施	施	쓰기 施 施 施
베풀/옮길 시	shī [스]	し [시]	distribute	

視⑫	視線(시선) 監視(감시) 無視(무시) 視察(시찰)	→示→示 →見→見→視 보일 시【示】와 볼 견【見】이 합쳐진 글자로, 제사상을 신에게 보이고 잘못된 것이 없는지 자신도 자세히 살펴본다는 의미로, **보다**라는 뜻의 글자

韓國	中國	日本	英語	
視	視	視	視	쓰기 視 視 視
볼 시	shì [스]	し [시]	look at	

정자(획순)	활용 단어	유래 과정·설명

試

試驗(시험)
應試(응시)
入試(입시)
考試(고시)

말씀 언[言]과 법식 식[式]이 합쳐진 글자로, 옛날 과거를 볼 때 일정한 법식이나 규칙에 의해 말로서 물어 알고 있는지를 시험한다는 의미로, **시험하다**라는 뜻의 글자

韓國	中國	日本	英語
試	试	試	試
시험 시	shì [스]	し [시]	test

쓰기 試 試 試

詩

詩集(시집)
漢詩(한시)
詩人(시인)
童詩(동시)

마음속의 정서, 감정을 일정한 규칙[寺]과 운율에 맞추어 말[言]로 표현한 것이 **시**라는 뜻의 글자

韓國	中國	日本	英語
詩	诗	詩	詩
시/글 시	shī [스]	し [시]	poetry

쓰기 詩 詩 詩

申

申告(신고)
申請(신청)
申聞鼓(신문고)
內申成績(내신성적)

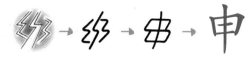

번개[申]가 치는 모양으로, 옛날 사람들이 번개를 하늘의 신이 자기의 뜻을 밝혀 말한다고 생각하여 밝혀 **알린다**라는 뜻의 글자 *여기서 12간지 중 9번째 지지인 원숭이를 나타내어 납(원숭이의 옛말을 뜻함

韓國	中國	日本	英語
申	申	申	申
알릴/펼/납 신	shēn [션]	しん [신]	report

쓰기 申 申 申

深

深夜(심야)
水深(수심)
深海(심해)
深山幽谷(심산유곡)

끝을 알 수 없는 깊은 굴속[穴]을 나무[木]에 불을 붙여 들어가는 것 같이 물[氵]속이 끝도 없이 **깊다**라는 뜻의 글자

韓國	中國	日本	英語
深	深	深	深
깊을 심	shēn [션]	しん [신]	deep

쓰기 深 深 深

眼

眼鏡(안경)
眼科(안과)
眼下無人(안하무인)

눈[目]은 뒤쪽이나 옆쪽은 볼 수 없고, 일정한 한도[艮](범위) 내에서 사물을 볼 수 있다는 의미로, **눈**을 뜻하는 글자

韓國	中國	日本	英語
眼	眼	眼	眼
눈 안	yǎn [이엔]	がん [간]	eye

쓰기 眼 眼 眼

정자(획순)	활용 단어	유래 과정 · 설명

暗

暗黑(암흑)
暗示(암시)
明暗(명암)
暗記(암기)

날 일【日】과 소리 음【音】이 합쳐진 글자로, 해가 져서 앞은 보이지 않고 소리만 들릴 정도로 어두워졌다는 의미로, **어둡다**라는 뜻의 글자

韓國	中國	日本	英語
暗	暗	暗	暗
어두울 암	àn [안]	あん [안]	dark

쓰기 暗 暗 暗

羊

羊皮(양피)
羊毛(양모)
羊頭狗肉(양두구육)
九折羊腸(구절양장)

둥글게 말린 두 뿔을 가진 양의 머리【羊】모양으로, **양**을 뜻하는 글자

韓國	中國	日本	英語
羊	羊	羊	羊
양 양	yáng [양]	よう [요오]	sheep

쓰기 羊 羊 羊

줄4급
19회

如

如前(여전)
如何(여하)
缺如(결여)
百聞不如一見(백문불여일견)

여자【女】는 남자가 하는 말【口】을 따라서 그 말과 같이 행동을 한다는 의미로, **같다**라는 뜻의 글자

韓國	中國	日本	英語
如	如	如	如
같을 여	rú [루]	じょ [조]	same

쓰기 如 如 如

餘

餘裕(여유)
餘暇(여가)
餘分(여분)
殘餘(잔여)

밥 식【食】과 남을 여【余】가 합쳐진 글자로, 밥을 많이 하여 다 먹지 못하고 **남아 있는** 것을 의미하는 글자 *余(여)는 餘(여)의 속자(俗字) *余=餘

韓國	中國	日本	英語
餘	佘	余	餘
남을 여	yú [위]	よ [요]	remain

쓰기 餘 餘 餘

逆

逆轉(역전)
拒逆(거역)
叛逆(반역)
逆流(역류)

거꾸로 서서【屰】길을 가는【辶】모양에서 바르지 않는 **거스르다**라는 의미의 글자

韓國	中國	日本	英語
逆	逆	逆	逆
거스를 역	nì [니]	ぎゃく [갸쿠]	opposite

쓰기 逆 逆 逆

정자(획순)	활용 단어	유래 과정·설명

研

研究(연구)
研磨(연마)
研修(연수)

울퉁불퉁한 돌【石】을 평평하게【幵 평평할 견】하기 위해 반듯하게
갈고닦는다는 의미로, **갈다**라는 뜻의 글자

韓國	中國	日本	英語	
研	研	研	研	쓰기 研 研 研
갈 연	yán [이엔]	けん [켄]	polish	

煙

煙氣(연기)
煙幕(연막)
禁煙(금연)
喫煙(끽연)

아궁이에 불【火】을 피우면 흙【土】위에 세운 굴뚝【西】에서 많은 연기가 **난다**라는 의미의 글자

韓國	中國	日本	英語	
煙	烟	煙	煙	쓰기 煙 煙 煙
연기 연	yān [이엔]	えん [엔]	smoke	

榮

榮光(영광)
榮華(영화)
繁榮(번영)
虛榮(허영)

나무【木】에 핀 꽃이 불꽃【火火】처럼 반짝반짝 빛이 나서 그 아름다운 자태가
영화롭다는 의미로, **영화롭다**라는 뜻의 글자 *영화롭다: 귀하고 빛난다는 뜻

준4급 20획

韓國	中國	日本	英語	
榮	荣	栄	榮	쓰기 榮 榮 榮
영화 영	róng [롱]	えい [에이]	prosperity	

藝

藝能(예능)
藝術(예술)
書藝(서예)
陶藝(도예)

조그만 초목【艹】을 심어서【執 심을 예】큰 나무에 이르게【云】하기 위해서는 특별히 가꾸고 손질하는
재주가 있어야 한다는 의미로, **재주**라는 뜻의 글자

韓國	中國	日本	英語	
藝	艺	芸	藝	쓰기 藝 藝 藝
재주 예	yì [이]	げい [게에]	art	

誤

誤答(오답)
誤解(오해)
誤算(오산)
誤差(오차)

말씀 언【言】과 입으로 큰소리치는 오나라 오【吳】가 합쳐진 글자로, 일을 신중히
생각하지 않고 먼저 말로서 큰소리치는 경우는 일을 그르친다는 의미로, **그르치다**라는 뜻의 글자

韓國	中國	日本	英語	
誤	误	誤	誤	쓰기 誤 誤 誤
그르칠 오	wù [우]	ご [고]	error	

정자(획순)	활용 단어	유래 과정·설명

玉⑤

玉石(옥석)
玉稿(옥고)
玉碎(옥쇄)
寶玉(보옥)
金枝玉葉(금지옥엽)

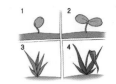

옥을 갈아서 만든 구슬【玉】을 꿰어 놓은 모양으로, **구슬**을 뜻하는 글자
* 王(왕) 자와 구별하기 위하여 점을 사용

韓國	中國	日本	英語	쓰기
玉	玉	玉	玉	玉 玉 玉
구슬 옥	yù [위]	ぎょく [교쿠]	gem	

往⑧

往來(왕래)
往年(왕년)
往復(왕복)
往往(왕왕)
右往左往(우왕좌왕)

태어난 생물【主】(싹)은 시간이 흐를수록 점점 성장해 간다【彳】라는 의미로, **가다**라는 뜻의 글자

韓國	中國	日本	英語	쓰기
往	往	往	往	往 往 往
갈 왕	wǎng [왕]	おう [오오]	go	

容⑩

容量(용량)
容貌(용모)
許容(허용)
美容室(미용실)

집 면【宀】과 골 곡【谷】이 합쳐진 글자로, 사람의 얼굴은 모든 표정을 담고 여러 가지 모양을 나타낸다는 의미로, **얼굴**이라는 뜻의 글자

韓國	中國	日本	英語	쓰기
容	容	容	容	容 容 容
얼굴/담을 용	róng [롱]	よう [요오]	face	

圓⑬

圓滿(원만)
圓心(원심)
團圓(단원)
投圓盤(투원반)

옛날 관청의 관원이 세금으로 거두어 하나둘 헤아리던【口】 엽전【貝 돈】의 둘레【口 울타리】가 **둥글다**라는 뜻의 글자

韓國	中國	日本	英語	쓰기
圓	圓	円	圓	圓 圓 圓
둥글 원	yuán [위엔]	えん [엔]	round	

肉⑥

肉感(육감)
肉體(육체)
食肉(식육)
血肉(혈육)
酒池肉林(주지육림)

잘라 놓은 고기【肉】(살) 덩어리의 모양으로, **고기**를 뜻하는 글자

韓國	中國	日本	英語	쓰기
肉	肉	肉	肉	肉 肉 肉
고기 육	ròu [러우]	にく [니쿠]	flesh	

정자(획순)	활용 단어	유래 과정·설명

恩

恩惠(은혜)
恩德(은덕)
背恩忘德(배은망덕)
結草報恩(결초보은)

인할 인[因]과 마음 심[心]이 합쳐진 글자로, 남으로부터의 도움이나
가르침으로 인하여 마음으로 우러나오는 보답이 은혜라는 의미에서 은혜라는 뜻의 글자

韓國	中國	日本	英語
恩	恩	恩	恩
은혜 은	ēn [언]	おん [온]	favour

쓰기 恩 恩 恩

陰

陰陽(음양)
陰地(음지)
陰凶(음흉)
陰性(음성)

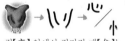

언덕[阝] 위에 지금[今] 모여든 구름[云]들로 인해 햇볕이 가려져 생기는 것이
응달·그늘[侌]이라는 의미로, 그늘이라는 뜻의 글자

韓國	中國	日本	英語
陰	阴	陰	陰
그늘 음	yīn [인]	いん [인]	shade

쓰기 陰 陰 陰

應

應諾(응낙)
應答(응답)
應試(응시)
對應(대응)

집[广] 안에서 길러진 매[隹]는 꿩을 잘 잡아 와 돌봐주는 주인[亻]의
마음[心]을 잘 맞추어 응한다는 의미로, 응하다라는 뜻의 글자

韓國	中國	日本	英語
應	应	応	應
응할 응	yìng [잉]	おう [오오]	respond

쓰기 應 應 應

준4급 22회

義

義理(의리)
義務(의무)
正義(정의)
君臣有義(군신유의)

자기[我]의 욕심을 버리고 양[羊]처럼 착하게 남을 위해 희생하는 것은
의롭고 옳다는 의미로, 의롭다라는 뜻의 글자

韓國	中國	日本	英語
義	义	義	義
옳을 의	yì [이]	ぎ [기]	righteousness

쓰기 義 義 義

議

同議(동의)
合議(합의)
會議(회의)
建議(건의)
論議(논의)

말씀 언[言]과 옳을 의[義]가 합쳐진 글자로, 어떠한 일이 올바르게 이루어지도록
서로 말을 주고 받는 것이 의논하는 것이라는 의미에서 의논하다라는 뜻의 글자

韓國	中國	日本	英語
議	议	議	議
의논할 의	yì [이]	ぎ [기]	discuss

쓰기 議 議 議

정자(획순)	활용 단어	유래 과정·설명

移

移動(이동)
移徙(이사)
移住(이주)
移民(이민)

韓國	中國	日本	英語
移	移	移	移
옮길 이	yí [이]	い [이]	move

못자리에 있는 많은【多】 모【禾 벼의 싹】를 논에 옮겨 심는다는 데서 **옮기다**라는 뜻의 글자

쓰기 | 移 | 移 | 移 | | |

益

利益(이익)
損益(손익)
國益(국익)
差益(차익)

韓國	中國	日本	英語
益	益	益	益
더할 익	yì [이]	えき [에끼]	increase

물【水】이 가득한 그릇【皿】에 또 물【水】을 더 부어 넘치는 모양으로, **더하다**라는 뜻의 글자

쓰기 | 益 | 益 | 益 | | |

引

引上(인상)
引受(인수)
誘引(유인)
割引(할인)
我田引水(아전인수)

韓國	中國	日本	英語
引	引	引	引
끌 인	yǐn [인]	いん [인]	pull

활【弓】을 쏘기 위해서는 활시위【丨】를 힘차게 당겨야 한다는 의미에서 끌어 **당긴다**라는 뜻의 글자

쓰기 | 引 | 引 | 引 | | |

印

印章(인장)
印刷(인쇄)
印象(인상)
印鑑(인감)
封印(봉인)

韓國	中國	日本	英語
印	印	印	印
도장 인	yìn [인]	いん [인]	seal

손【爪】을 아래로 힘을 주어 눌러서 사람을 꿇어【卩】 앉히는 모습에서 위에서 힘을 주어 누르는 **도장**이라는 뜻의 글자

쓰기 | 印 | 印 | 印 | | |

認

認定(인정)
認可(인가)
承認(승인)
確認(확인)

韓國	中國	日本	英語
認	认	認	認
알/인정할 인	rèn [런]	にん [닌]	recognize

말씀 언【言】과 참을 인【忍】이 합쳐진 글자로, 다른 사람의 말을 끝까지 잘 참고 들어서 그 내용을 알고 인정한다라는 의미로, **인정하다**라는 뜻의 글자

쓰기 | 認 | 認 | 認 | | |

정자(획순)	활용 단어	유래 과정 · 설명

將

將帥(장수)
將軍(장군)
大將(대장)
主將(주장)
將來(장래)

널빤지【爿】처럼 신체【月】가 크고 맥박【寸】과 같이 일정한 규칙과 법도를
지키는 자는 장군·장수라는 뜻의 글자

韓國	中國	日本	英語	쓰기
將	将	将	將	將 將 將

장수 장 | jiàng [찌앙] | しょう [쇼오] | general

低

低質(저질)
低價(저가)
最低(최저)
低姿勢(저자세)

나무뿌리의 가장 밑부분【氏】처럼 신분이 낮은 사람【亻】을 의미하여, 낮다라는 뜻의 글자

韓國	中國	日本	英語	쓰기
低	低	低	低	低 低 低

낮을 저 | dī [띠] | てい [테에] | low

敵

敵軍(적군)
對敵(대적)
強敵(강적)
倭敵(왜 석)

적을 맞아 대적할 때에는 적의 근본【商 배꼽】(뿌리)을 쳐야【攵】 한다는 의미에서,
대적하다라는 뜻의 글자 *다른 뜻: 원수 적

을4급
24회

韓國	中國	日本	英語	쓰기
敵	敌	敵	敵	敵 敵 敵

대적할 적 | dí [디] | てき [테끼] | enemy

田

田畓(전답)
田園(전원)
鹽田(염전)
油田(유전)

 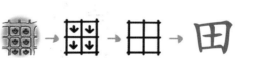

들판에 밭【田】들이 가지런히 붙어 있는 모양으로, 밭을 뜻하는 글자

韓國	中國	日本	英語	쓰기
田	田	田	田	田 田 田

밭 전 | tián [티엔] | でん [덴] | field

絶

拒絶(거절)
絶望(절망)
謝絶(사절)
抱腹絶倒(포복절도)

엉켜 있는 실【糸】의 매듭【巴 마디】을 칼【刀】로 끊는다는 의미로, 끊다라는 뜻의 글자

韓國	中國	日本	英語	쓰기
絶	绝	絶	絶	絶 絶 絶

끊을 절 | jué [쥐에] | ぜつ [제쯔] | cut off

정자(획순)	활용 단어	유래 과정·설명

接 ⑪

接近(접근)
接合(접합)
面接(면접)
待接(대접)

韓國	中國	日本	英語
接	接	接	接
이을 접	jiē [지에]	せつ [세쓰]	graft

손【扌】으로 첩【妾 여자 종】을 가까이하여 사귄다는 의미로, 사귀다 · 잇다라는 뜻의 글자

쓰기 接 接 接

政 ⑨

政事(정사)
政治(정치)
政客(정객)
政府(정부)

韓國	中國	日本	英語
政	政	政	政
정사/칠 정	zhèng [쩡]	せい [세이]	government

백성들이 바르게【正】 나아갈 수 있도록 회초리로 쳐서【攵】 이끄는 것이
정사(정치)라는 의미로, 정사를 뜻하는 글자

쓰기 政 政 政

즐4급
25회

精 ⑭

精密(정밀)
精巧(정교)
精神(정신)
受精(수정)

韓國	中國	日本	英語
精	精	精	精
정할/찧을 정	jīng [징]	せい [세이]	fix

조상의 제사에 쓸 좋은 떡을 만들기 위해 흰쌀【米】을 계속 찧어 푸른【青】 빛깔이
나올 정도로 곱고 깨끗하게 한다는 의미로, 깨끗하다라는 뜻의 글자 ＊또한 그런 정성과 정신을 뜻함

쓰기 精 精 精

除 ⑩

除去(제거)
除外(제외)
免除(면제)
削除(삭제)

韓國	中國	日本	英語
除	除	除	除
덜 제	chú [츄]	じょ [죠]	remove

언덕 부【阝】와 남을 여【余】가 합쳐진 글자로, 큰 집을 짓기 위해 언덕이
평평해지도록 남아【余】 있는 흙을 덜어내고, 없앤다라는 의미의 글자

쓰기 除 除 除

祭 ⑪

祭祀(제사)
祭壇(제단)
祭物(제물)
藝術祭(예술제)

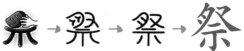

韓國	中國	日本	英語
祭	祭	祭	祭
제사 제	jì [찌]	さい [사이]	sacrifice service

신【示】에게 드리기 위해, 고기【月】를 손【又】으로 정성스럽게 제단(제기)에
올려 지내는 제사를 의미하여, 제사라는 뜻의 글자

쓰기 祭 祭 祭

정자(획순)	활용 단어	유래 과정·설명

製

製品(제품)
製造(제조)
製作(제작)
複製(복제)

韓國	中國	日本	英語
製	制	製	製
지을 제	zhì [즈]	せい [세이]	manufacture

올바른 나무가 되도록 칼로 잘 다듬는 것처럼 천을 잘 자르고 다듬어【制】
옷【衣】을 짓는다는 의미의 글자로, **짓는다·만든다**는 뜻의 글자

쓰기 製

早

早熟(조숙)
早退(조퇴)
早急(조급)
早期(조기)

韓國	中國	日本	英語
早	早	早	早
이를/일찍 조	zǎo [자오]	そう [소오]	early

하루의 시작은 먼저 바닷속을 뚫고【十】나온 해【日】가 새벽에 일찍이
세상을 밝히는 것으로, **일찍**이라는 뜻의 글자 *다른 뜻: 새벽 조, 먼저 조

쓰기 早

助

救助(구조)
援助(원조)
內助(내조)
協助(협조)
相扶相助(상부상조)

韓國	中國	日本	英語
助	助	助	助
도울 조	zhù [쭈]	じょ [죠]	help

또 차【且】와 힘 력【力】이 합쳐진 글자로, 힘을 많이 써서 남을 돕는다는 의미로,
돕다라는 뜻의 글자

줄4급
26회

쓰기 助

造

造成(조성)
建造(건조)
創造(창조)
變造(변조)
造船所(조선소)

韓國	中國	日本	英語
造	造	造	造
지을/만들 조	zào [짜오]	ぞう [조오]	build

농사를 짓기 전 풍년을 기원하며 하늘에 알린【告】후 논으로 나아가【辶】농사를
짓는다는 의미로, **짓는다**라는 뜻의 글자

쓰기 造

鳥

鳥類(조류)
鳥獸(조수)
不死鳥(불사조)
一石二鳥(일석이조)

韓國	中國	日本	英語
鳥	鸟	鳥	鳥
새 조	niǎo [니아오]	ちょう [쵸오]	bird

새【鳥】가 서 있는 모양으로, **새**라는 뜻의 글자

쓰기 鳥

정자(획순)	활용 단어	유래 과정·설명

尊 ⑫

尊敬(존경)
尊嚴(존엄)
尊重(존중)
至尊(지존)

옷어른께 술【酋 두목 추】을 손【寸】으로 바칠 때는 맥박과 같이 일정한 법도에 따라 존경하는 마음으로, 술병을 **높인**다라는 뜻의 글자

韓國	中國	日本	英語	쓰기
尊	尊	尊	尊	尊 尊 尊
높을 존	zūn [쭌]	そん [손]	respect	

宗 ⑧

宗家(종가)
宗敎(종교)
宗孫(종손)
宗親會(종친회)

조상【示】을 모셔 놓고 제사를 지내는 집【宀 사당】은 집안에서 가장 높고 으뜸이 된다는 의미로, 으뜸·**마루**라는 뜻의 글자 *마루: 꼭대기, 등성의 의미

韓國	中國	日本	英語	쓰기
宗	宗	宗	宗	宗 宗 宗
마루/제사 종	zōng [쫑]	しゅう [슈우]	ancestral	

즐4급
27회

走 ⑦

走行(주행)
逃走(도주)
競走(경주)
東奔西走(동분서주)

사람이 큰 대【大】모양으로, 다리를 크게 벌리고 뛰어가는 모양과 발【止】을 나타내어, **달리**다라는 뜻의 글자

韓國	中國	日本	英語	쓰기
走	走	走	走	走 走 走
달릴 주	zǒu [저우]	そう [소오]	run	

竹 ⑥

竹槍(죽창)
竹筍(죽순)
破竹之勢(파죽지세)
竹馬故友(죽마고우)

대나무【竹】의 모양을 나타내어, **대나무**라는 뜻의 글자

韓國	中國	日本	英語	쓰기
竹	竹	竹	竹	竹 竹 竹
대 죽	zhú [주]	ちく [지쿠]	bamboo	

衆 ⑫

聽衆(청중)
大衆(대중)
觀衆(관중)
衆口難防(중구난방)

핏줄【血】이 같은 많은 사람들이【人이 셋】모여 있는 모양에서 무리·군중이라는 의미로, **무리**를 뜻하는 글자

韓國	中國	日本	英語	쓰기
衆	众	衆	衆	衆 衆 衆
무리 중	zhòng [쫑]	しゅう [슈우]	group	

정자(획순)	활용 단어	유래 과정·설명

增

增加(증가)
增減(증감)
增産(증산)
累增(누증)
割增(할증)

韓國	中國	日本	英語
增	增	增	增
더할 증	zēng [쩡]	ぞう [조오]	increase

흙【土】 위에 또다시 흙을 거듭【曾】하여 쌓아올려 자꾸 **더한다**라는 뜻의 글자

쓰기 增 增 增

支

支援(지원)
支給(지급)
支出(지출)
支部(지부)

韓國	中國	日本	英語
支	支	支	支
지탱할 지	zhī [즈]	し [시]	support

손【又】으로 어린 나뭇가지【十】를 잡고 있는 모양으로, 나무의 **가지**라는 뜻의 글자

쓰기 支 支 支

즉4급 28회

至

至極(지극)
冬至(동지)
至毒(지독)
自初至終(자초지종)

韓國	中國	日本	英語
至	至	至	至
이를 지	zhī [즈]	し [시]	reach

먹이를 찾아 새【厶】가 땅【土】에 닿아 이른【一】 모양으로, **이르다**라는 뜻의 글자
*참고: 본래는 화살이 날아가 땅에 이른 모양

쓰기 至 至 至

志

意志(의지)
志願(지원)
三國志(삼국지)

韓國	中國	日本	英語
志	志	志	志
뜻 지	zhì [즈]	し [시]	intend

선비【士】의 마음【心】이 어떤 쪽으로 간다라는 모양으로, 마음이 가는 쪽에
하고자 하는 뜻이 있다는 의미로, **뜻**을 나타내는 글자

쓰기 志 志 志

指

指目(지목)
指紋(지문)
指示(지시)
指揮(지휘)

韓國	中國	日本	英語
指	指	指	指
가리킬 지	zhǐ [즈]	し [시]	finger

맛있는 것이 있으면, 손【扌】의 제일 앞에 있는 손가락이 먼저 가서 맛【旨 맛 지】을
본다는 의미로, **가리키다**라는 뜻의 글자

쓰기 指 指 指

정자(획순)	활용 단어	유래 과정·설명

眞

眞假(진가)
眞理(진리)
純眞(순진)
寫眞(사진)

韓國	中國	日本	英語
眞	真	真	眞
참 진	zhēn [쩐]	しん [신]	true, truth

곧을 직【直】과 여덟 팔【八】이 합쳐진 글자로, 항상 곧은 마음으로 사방팔방의 어떤 방향도 올바르게 보는 것이 진리(참)라는 의미에서 **참**이라는 뜻의 글자

쓰기 眞 眞 眞

進

進級(진급)
進行(진행)
推進(추진)
躍進(약진)

韓國	中國	日本	英語
進	进	進	進
나아갈 진	jìn [찐]	んし [신]	advance

새【隹】가 휙 날아올라【辶】 점차 점차 앞으로 나아가는 모양으로, **나아가다**라는 뜻의 글자

쓰기 進 進 進

次

次官(차관)
次男(차남)
次點(차점)
席次(석차)

韓國	中國	日本	英語
次	次	次	次
버금/다음 차	cì [츠]	じ [지]	next

아무리 재미있는 것도 2번【二】하면 싫증이 나서 하품【欠】을 하게 되어 첫 번째에는 못 미치고 두 번째인 **버금**이라는 뜻의 글자 *버금: 첫째 다음의 '순서'라는 뜻

쓰기 次 次 次

察

觀察(관찰)
省察(성찰)
警察(경찰)
診察(진찰)

韓國	中國	日本	英語
察	察	察	察
살필 찰	chá [차]	さつ [사쯔]	watch

하늘의 신은 집【宀】 안에서 사람들이 제사【祭】를 지내는 그 정성을 잘 살펴본다는 의미로, **살피다**라는 뜻의 글자

쓰기 察 察 察

處

處理(처리)
處所(처소)
處方(처방)
處女(처녀)

韓國	中國	日本	英語
處	処	処	處
곳 처	chù [츄]	しょ [쇼]	place

하루 종일 먹이를 찾아 돌아다니던 호랑이【虎】가 걸음을 멈추고【夂】 쉬는 곳이라는 의미로, 머무는 **곳**·사는 **곳**을 뜻하는 글자

쓰기 處 處 處

정자(획순)	활용 단어	유래 과정·설명

請

招請(초청)
請求(청구)
請託(청탁)
請牒狀(청첩장)

韓國	中國	日本	英語
請	请	請	請
청할/물을 청	qǐng [칭]	せい [세이]	request

말씀 언【言】과 푸를(젊을) 청【靑】이 합쳐진 글자로, 나이 어린 젊은이가 경험이 많은 웃어른에게 부탁을 청한다는 의미에서 **청하다**라는 뜻의 글자

쓰기 請

忠

忠誠(충성)
忠臣(충신)
忠實(충실)
顯忠日(현충일)

韓國	中國	日本	英語
忠	忠	忠	忠
충성 충	zhōng [쫑]	ちゅう [츄우]	loyal

마음【心】 한가운데서【中】 우러나오는 진실된 정성이 충성이라는 의미로, **충성**을 뜻하는 글자

쓰기 忠

蟲

蟲齒(충치)
毒蟲(독충)
害蟲(해충)
殺蟲劑(살충제)

韓國	中國	日本	英語
蟲	虫	虫	蟲
벌레 충	chóng [총]	ちゅう [츄우]	insect

땅에 기어 다니는 여러 벌레【虫】들이 우글거리는 모양으로, **벌레**를 뜻하는 글자

쓰기 蟲

준4급 30회

取

取得(취득)
聽取(청취)
奪取(탈취)
攝取(섭취)

韓國	中國	日本	英語
取	取	取	取
가질/취할 취	qǔ [취]	しゅ [슈]	take

옛날, 전쟁에서 싸움에 이기면, 적의 귀【耳】를 베어 손【又】으로 들고 온 데서 나온 것으로, **취하다**(가지다)라는 뜻의 글자

쓰기 取

治

政治(정치)
統治(통치)
治療(치료)
法治(법치)

韓國	中國	日本	英語
治	治	治	治
다스릴 치	zhì [즈]	ち [지]	govern

옛날, 농사에 가장 중요한 물【氵】이 불어나고 줄어드는 것을 잘 살피고【台】 조절하는 것이 나라를 다스리는 근본이 된다는 의미로, **다스리다**라는 뜻의 글자

쓰기 治

정자(획순)	활용 단어	유래 과정·설명

齒⑮

齒科(치과)
齒牙(치아)
齒藥(치약)
蟲齒(충치)

혀【一】를 사이에 두고 아래위로 나 있는 앞니【人人】의 모양으로,
나중에 지【止】를 덧붙여 소리(음)를 나타내게 되었는데, 이라는 뜻의 글자

韓國	中國	日本	英語	쓰기
齒	齿	歯	齒	齒
이 치	chǐ [츠]	し [시]	tooth	

快⑦

完快(완쾌)
快諾(쾌락)
快感(쾌감)
不快(불쾌)

논에 물을 주기 위해 둑을 열면【夬 터놓을 쾌】막혔던 마음【忄】이 시원해지고
상쾌하다는 의미로, 쾌하다라는 뜻의 글자

韓國	中國	日本	英語	쓰기
快	快	快	快	快
쾌할 쾌	kuài [콰이]	かい [카이]	pleasant	

급4급
31회

統⑫

統一(통일)
統率(통솔)
傳統(전통)
統計(통계)
大統領(대통령)

누에가 한 가닥 실【糸】로 주위를 점점 채워서【充】고치를 만들어 가는 것처럼 주위를 빙 둘러
채워서 거느리는 모양을 나타내어, 거느리다라는 뜻의 글자 *다른 뜻: 합칠 통, 계통 통

韓國	中國	日本	英語	쓰기
統	统	統	統	統
거느릴 통	tǒng [통]	とう [토오]	govern	

退⑩

後退(후퇴)
退勤(퇴근)
隱退(은퇴)
退職(퇴직)
早退(조퇴)

앞에 놓인 힘든 일을 가만히 바라보고【艮】자신이 없어 뒤로 슬금슬금
물러난다【辶】는 의미로, 물러나다라는 뜻의 글자

韓國	中國	日本	英語	쓰기
退	退	退	退	退
물러날 퇴	tuì [투에이]	たい [타이]	retreat	

波⑧

波濤(파도)
波紋(파문)
音波(음파)
電磁波(전자파)

물【氵】의 겉면【皮 가죽】에 생기는 것이 파도·물결이라는 뜻의 글자

韓國	中國	日本	英語	쓰기
波	波	波	波	波
물결 파	bō [뽀어]	は [하]	wave	

정자(획순)	활용 단어	유래 과정·설명

破

破婚(파혼)
破損(파손)
突破(돌파)
破産(파산)
破壞(파괴)

한 방울의 물도 자꾸 떨어지면 단단한 돌【石】의 겉면【皮 가죽】을 결국 깨뜨린다는 의미로, **깨뜨리다**라는 뜻의 글자

韓國	中國	日本	英語
破	破	破	破
깨뜨릴 파	pò [포어]	は [하]	break

쓰기 破 破 破

布

布木(포목)
公布(공포)
分布(분포)
配布(배포)
布告(포고)

아버지가 자식을 매로 다스리듯【父】 천【巾】을 방망이로 두드려 잘 펴고 벌려서 좋은 베를 만든다는 의미로, **베**를 뜻하는 글자

韓國	中國	日本	英語
布	布	布	布
베/펼 포	bù [뿌]	ふ [후]	cloth

쓰기 布 布 布

暴

暴行(폭행)
暴言(폭언)
暴動(폭동)
暴發(폭발)
暴惡(포악)

해【日】와 같이 높은 곳에서 엄청나게 많은 양이 함께【共】 떨어지는 물【水】은 사납다는 의미로, **사납다**라는 뜻의 글자 *다른 음: '드러날 폭'으로도 읽는다.

준4급 32회

韓國	中國	日本	英語
暴	暴	暴	暴
사나울/모질폭/포	bào [빠오]	ぼう [보오]	fierce

쓰기 暴 暴 暴

豊

豊年(풍년)
大豊(대풍)
豊富(풍부)
豊足(풍족)

풍년이 들어 조상에게 감사의 제사를 지낼 때, 제기【豆 그릇】에 가득 담긴 음식【曲】이 풍성하다는 의미로, **풍성하다**라는 뜻의 글자 *豊(풍)은 豐(풍)의 본자(本字)

韓國	中國	日本	英語
豊	丰	豊	豊
풍년 풍	fēng [펑]	ほう [호]	abundant

쓰기 豊 豊 豊

限

限度(한도)
限界(한계)
權限(권한)
制限(제한)

큰 언덕【阝】에 가로막혀 나아갈 길과 앞을 더 이상 볼 수 없이【艮】 한정된 모양을 나타내는 글자로, **한정**이라는 뜻의 글자

韓國	中國	日本	英語
限	限	限	限
한할/한정할 한	xiàn [시엔]	げん [겐]	limit

쓰기 限 限 限

정자(획순)	활용 단어	유래 과정・설명

解
⑬

解決(해결)
解答(해답)
讀解(독해)
理解(이해)
解釋(해석)

칼【刀】로 소【牛】를 잡을 때, 뿔【角】 사이의 급소를 쳐서 쓰러뜨린 후 머리와
살・뼈・꼬리 등으로 해부하여 모든 것을 풀어헤친다는 의미로, **풀다**라는 뜻의 글자

韓國	中國	日本	英語		
解	解	解	解	쓰기	解 解 解
풀 해	jiě [지에]	かい [카이]	solve		

香
⑨

香氣(향기)
香水(향수)
香料(향료)
焚香(분향)

벼【禾】 이삭과 쌀밥을 담은 그릇【曰】의 모양으로, 쌀밥의
고소하고 향긋한 향기를 나타내 **향기**라는 뜻의 글자

韓國	中國	日本	英語		
香	香	香	香	쓰기	香 香 香
향기 향	xiāng [시앙]	こう [코오]	fragrance		

鄕
⑬

故鄕(고향)
鄕愁(향수)
鄕友會(향우회)
失鄕民(실향민)

태어나서 어릴 적【幺】부터 밥을 먹으며【皀】 자란 마을【阝】이 **시골**(고향)이라는 뜻의 글자

韓國	中國	日本	英語		
鄕	乡	鄕	鄕	쓰기	鄕 鄕 鄕
시골 향	xiāng [시앙]	きょう [쿄오]	rural		

虛
⑫

虛點(허점)
虛空(허공)
虛僞(허위)
虛勢(허세)

범【虍 호랑이】을 잡으려고 언덕에 큰 구덩이【丘의 변형】를 파고 양쪽을 풀로 덮어
숨긴 후 기다리지만 호랑이는 오지 않고 웅덩이가(함정)가 항상 **비어 있다**라는 의미의 글자

韓國	中國	日本	英語		
虛	虚	虚	虛	쓰기	虛 虛 虛
빌 허	xū [쉬]	きょ [쿄]	empty		

賢
⑮

賢明(현명)
竹林七賢(죽림칠현)
聖賢(성현)
賢母良妻(현모양처)

임금이 변치 않는 인자로움으로 재물【貝】을 신하【臣】들에게 나누어 주어【又】
현명하고 어질다는 의미로, **어질다**라는 뜻의 글자

韓國	中國	日本	英語		
賢	贤	賢	賢	쓰기	賢 賢 賢
어질 현	xián [시엔]	けん [켄]	virtuous		

정자(획순)	활용 단어	유래 과정・설명

血

血肉(혈육)
血壓(혈압)
獻血(헌혈)
血液(혈액)

신에게 올리는 제사에서 산 짐승의 피【丶】를 그릇【皿】에 담아 올리는 모양으로, **피**를 뜻하는 글자

韓國	中國	日本	英語
血	血	血	血
피 혈	xuè [쉬에]	けつ [케쯔]	blood

쓰기 血

協

協力(협력)
協同(협동)
協助(협조)
農協(농협)

많은【十】사람이 서로 힘【力・力・力】을 합해 서로 화합하여 돕는다는 의미로, **돕다**라는 뜻의 글자

韓國	中國	日本	英語
協	协	協	協
화할 협	xié [시에]	きょう [쿄오]	harmonize

쓰기 協

惠

惠澤(혜택)
互惠(호혜)
恩惠(은혜)
施惠(시혜)

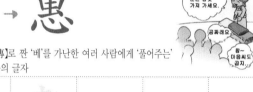 

'베풀어 주다'라는 말처럼 물레【専】로 짠 '베'를 가난한 여러 사람에게 '풀어주는' 따뜻한 마음【心】이 은혜라는 뜻의 글자

즐4급
34회

韓國	中國	日本	英語
惠	惠	惠	惠
은혜 혜	huì [후에이]	けい [케에]	favor

쓰기 惠

戶

戶口(호구)
戶籍(호적)
戶主(호주)
家家戶戶(가가호호)

드나들기 쉽게 한쪽 문만 달려 있는 작은 집【戶】을 나타내어 **집**이라는 뜻의 글자

韓國	中國	日本	英語
戶	戶	戶	戶
집 호	hù [후]	こ [코]	house

쓰기 戶

呼

呼吸(호흡)
呼出(호출)
呼名(호명)

입【口】으로 소리를 길게 내어【乎】 부른다는 의미로, **부르다**라는 뜻의 글자
*다른 뜻: 숨 내쉴 호(입으로 길게 내쉬는 숨)

韓國	中國	日本	英語
呼	呼	呼	呼
부를 호	hū [후]	こ [코]	call

쓰기 呼

정자(획순)	활용 단어	유래 과정·설명

好

好感(호감)
好意(호의)
良好(양호)
好奇心(호기심)

韓國	中國	日本	英語
好	好	好	好

좋을 호 | hǎo [하오] | こう [코오] | good

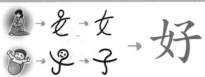

계집 녀【女】와 아들 자【子】가 합쳐진 글자. 여자가 태어난 아기를 안고 좋아하는 모양으로, **좋다**라는 뜻의 글자

쓰기 好

貨

貨幣(화폐)
通貨(통화)
貨物(화물)
百貨店(백화점)

韓國	中國	日本	英語
貨	货	貨	貨

재물/재화 화 | huò [후어] | か [카] | goods

될 화【化】와 조개 패【貝】가 합쳐진 글자로, 돈으로 바꿀 수 있는 모든 물건(재물)을 의미해 **재화**라는 뜻의 글자

쓰기 貨

回

回答(회답)
回信(회신)
回收(회수)
旋回(선회)

韓國	中國	日本	英語
回	回	回	回

돌아올 회 | huí [후에이] | かい [카이] | return

줄4급
35회

세차게 회전하는 소용돌이 물이 빙빙 도는【回】모양으로, **돌다**라는 뜻의 글자

쓰기 回

興

興味(흥미)
興奮(흥분)
感興(감흥)
復興(부흥)
興亡(흥망)

韓國	中國	日本	英語
興	兴	興	興

일/일어날 흥 | xīng [씽] | きょう [쿄오] | rise

양쪽에서 힘을 합치고【同】여러 사람이 손을 맞잡고 밑에서 받쳐서【舁】함께 일을 하는 모양으로, 일이 번창하고 **흥한다**라는 뜻의 글자

쓰기 興

希

希望(희망)
希求(희구)
希願(희원)

韓國	中國	日本	英語
希	希	希	希

바랄 희 | xī [시] | き [키] | hope

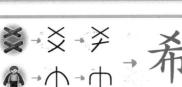

엇갈린【爻】무늬와 수가 놓인 천【巾 비단】은 드물고 귀해 모두가 가지길 바란다는 의미로, **바라다**라는 뜻의 글자

쓰기 希

4급

* 학습의 편의를 위해 급수별로 분류(한국어문회 기준)

4級 급수漢字에서 빠진 한자 목록 (161字)

暇(가) 刻(각) 覺(각) 干(간) 簡(간) 甲(갑) 拒(거) 據(거) 傑(걸) 儉(검) 激(격) 擊(격)

傾(경) 鏡(경) 戒(계) 系(계) 階(계) 鷄(계) 繼(계) 孤(고) 庫(고) 攻(공) 孔(공) 管(관)

鑛(광) 構(구) 群(군) 屈(굴) 窮(궁) 券(권) 劇(극) 筋(근) 紀(기) 奇(기) 寄(기) 機(기)

納(납) 段(단) 逃(도) 盜(도) 卵(란) 亂(란) 覽(람) 略(략) 糧(량) 慮(려) 龍(룡) 柳(류)

輪(륜) 離(리) 模(모) 墓(묘) 拍(박) 髮(발) 妨(방) 犯(범) 範(범) 辯(변) 普(보) 複(복)

負(부) 粉(분) 憤(분) 批(비) 秘(비) 碑(비) 絲(사) 辭(사) 象(상) 宣(선) 屬(속) 損(손)

頌(송) 叔(숙) 肅(숙) 額(액) 樣(양) 域(역) 延(연) 鉛(연) 緣(연) 燃(연) 映(영) 螢(영)

豫(예) 郵(우) 優(우) 源(원) 援(원) 委(위) 圍(위) 慰(위) 乳(유) 儒(유) 隱(은) 儀(의)

疑(의) 姿(자) 資(자) 殘(잔) 雜(잡) 裝(장) 帳(장) 張(장) 獎(장) 腸(장) 底(저) 賊(적)

積(적) 績(적) 籍(적) 專(전) 轉(전) 折(절) 占(점) 丁(정) 整(정) 帝(제) 組(조) 條(조)

潮(조) 座(좌) 周(주) 誌(지) 智(지) 織(직) 珍(진) 陣(진) 差(차) 讚(찬) 廳(청) 縮(축)

趣(취) 層(층) 寢(침) 稱(칭) 彈(탄) 歎(탄) 擇(택) 討(토) 痛(통) 鬪(투) 派(파) 篇(편)

評(평) 胞(포) 爆(폭) 標(표) 疲(피) 避(피) 抗(항) 核(핵) 憲(헌) 險(험) 顯(현) 或(혹)

環(환) 況(황) 灰(회) 候(후) 揮(휘)

정자(획순)	활용 단어	유래 과정·설명

看

看護(간호)
看做(간주)
看板(간판)
走馬看山(주마간산)

먼 곳을 자세히 보기 위해 눈【目】위에 손【手】을 올려놓고 본다는 의미로, **보다**라는 뜻의 글자

韓國	中國	日本	英語
看	看	看	看
볼 간	kàn [칸]	かん [간]	watch

쓰기: 看 看 看

甘

甘味(감미)
甘言(감언)
甘受(감수)
苦盡甘來(고진감래)

입【口】안의 혀로 단 음식【一】을 맛보는 모양으로, **달다**라는 뜻의 글자

韓國	中國	日本	英語
甘	甘	甘	甘
달 감	gān [깐]	かん [칸]	sweet

쓰기: 甘 甘 甘

4급 1회

敢

勇敢(용감)
敢行(감행)
果敢(과감)
敢鬪(감투)

전쟁에서 나이 어린 병사가 감히 적의 장수 머리에 못【工】박고 귀【耳】를 베는【攵】모양으로, **감히**라는 뜻의 글자 *다른 뜻: 용감할 감, 구태여 감

韓國	中國	日本	英語
敢	敢	敢	敢
감히 감	gǎn [간]	かん [칸]	bold

쓰기: 敢 敢 敢

降

降雨(강우)
下降(하강)
降服(항복)
投降(투항)
昇降機(승강기)

언덕【阝】위에서 두 발【夅】을 교차하며 내려오는 모양으로, **내려온다**는 의미에서 만들어진 글자 *다른 뜻: 항복할 항

韓國	中國	日本	英語
降	降	降	降
내릴 강	jiàng [찌앙]	こう [코오]	come down

쓰기: 降 降 降

巨

巨大(거대)
巨富(거부)
巨事(거사)
巨物(거물)

옛날 장인(물건을 만드는 사람)들이 사용하던 손잡이가 달린 큰 자【尺】의 모양으로, **크다**라는 뜻의 글자

韓國	中國	日本	英語
巨	巨	巨	巨
클 거	jù [쮜]	きょ [교]	big

쓰기: 巨 巨 巨

정자(획순)	활용 단어	유래 과정·설명

居

居住(거주)
同居(동거)
居室(거실)
占居(점거)
隱居(은거)

옛날【古】부터 쭉 살아와서 죽을 때【尸】까지 이르는 것이 '삶'이라는 의미로, **산다**는 뜻의 글자

韓國	中國	日本	英語
居	居	居	居
살 거	jū [쥐]	きょ [쿄]	reside

쓰기 居 居 居

犬

愛犬(애견)
忠犬(충견)
狂犬病(광견병)
犬猿之間(견원지간)

귀여운 개【犬】가 꼬리 치는 모습으로, **개**를 뜻하는 글자

韓國	中國	日本	英語
犬	犬	犬	犬
개 견	quǎn [취엔]	けん [켄]	dog

쓰기 犬 犬 犬

堅

堅固(견고)
堅實(견실)
堅持(견지)
中堅作家(중견작가)

임금에 충성하고 굳은【臤 곧을】마음과 같이 땅【土】이 굳건하다는 의미로, **굳다**라는 뜻의 글자

韓國	中國	日本	英語
堅	坚	堅	堅
굳을 견	jiān [지엔]	けん [켄]	firm

쓰기 堅 堅 堅

4급 2회

更

更新(갱신)
更迭(경질)
變更(변경)
更生(갱생)

손【攵】에 긴 막대를 들고 아궁이의 꺼져가는 불【丙】을 되살리기 위해 다시 고치는 모양으로, 다시·**고치다**라는 뜻의 글자

韓國	中國	日本	英語
更	更	更	更
고칠/다시 경/갱	gēng/gèng [껑]	こう [코오]	correct

쓰기 更 更 更

驚

驚歎(경탄)
驚異(경이)
驚氣(경기)
大驚失色(대경실색)

겸손【敬】하고 조심성 많은 말【馬】은 조그만 것에도 잘 놀란다는 의미로, **놀라다**라는 뜻의 글자

韓國	中國	日本	英語
驚	惊	驚	驚
놀랄 경	jīng [징]	きょう [쿄오]	surprise

쓰기 驚 驚 驚

정자(획순)	활용 단어	유래 과정 · 설명

季

季節(계절)
四季(사계)
冬季(동계)
伯仲叔季(백중숙계)

봄에 싹을 심어 1년의 마지막[끝]에 벼【禾】를 거두듯이 아이【子】를 가진 후 4계절이 지나야 아기가 태어난다는 의미로, 끝 · 계절이라는 뜻의 글자

韓國	中國	日本	英語
季	季	季	季
계절 계	jì [찌]	き [키]	season

쓰기 季 季 季

穀

穀食(곡식)
穀物(곡물)
穀倉(곡창)
五穀百果(오곡백과)

껍질이 있는 곡물【禾 벼】을 도구로 찧어【殳】 사람【士】이 즐겁게 먹을 수 있게 하는 것이 곡식이라는 의미로, 곡식이라는 뜻의 글자

韓國	中國	日本	英語
穀	谷	穀	穀
곡식 곡	gǔ [꾸]	こく [코쿠]	grain

쓰기 穀 穀 穀

困

困難(곤란)
困境(곤경)
貧困(빈곤)
疲困(피곤)

사방에 둘러싸여【囗】 갇힌 나무【木】는 자라기 곤란하다는 의미로, 곤란하다라는 뜻의 글자

韓國	中國	日本	英語
困	困	困	困
곤할 곤	kùn [쿤]	こん [콘]	tired

쓰기 困 困 困

骨

骨折(골절)
骨格(골격)
白骨難忘(백골난망)
刻骨難忘(각골난망)

살이 없는 죽은 사람의 뼈【冎】와는 달리 살아 있는 사람의 살【月】이 붙어 있는 뼈를 의미하는 글자

韓國	中國	日本	英語
骨	骨	骨	骨
뼈 골	gǔ [꾸]	こつ [코쯔]	bone

쓰기 骨 骨 骨

君

暴君(폭군)
君臣(군신)
君主(군주)
四君子(사군자)

백성을 다스리기 위해 칼【尹】로 위엄을 나타내고, 입【口】으로 호령하는 것이 임금이라는 뜻의 글자

韓國	中國	日本	英語
君	君	君	君
임금 군	jūn [쮠]	くん [쿤]	king

쓰기 君 君 君

정자 (획순)	활용 단어	유래 과정 · 설명

卷

上卷(상권)
通卷(통권)
席卷(석권)
壓卷(압권)

대나무 쪽에 글을 써서 구부린 사람의 몸【卩】처럼 둘둘 엮어 말아 놓은 것이
옛날의 두루마리, 책이라는 의미로, **책**을 뜻하는 글자

韓國	中國	日本	英語	쓰기	
卷	卷	卷	卷		卷 卷 卷
책 권	juàn [쮜엔]	かん [칸]	document		

勸

勸誘(권유)
勸告(권고)
勸獎(권장)
勸酒(권주)

황새【雚】가 하루 종일 열심히 먹이를 찾아다니는 것처럼 부지런히 힘【力】을
써서 일을 하도록 권하다는 의미로, **권하다**라는 뜻의 글자

韓國	中國	日本	英語	쓰기	
勸	劝	勧	勸		勸 勸 勸
권할 권	quàn [취엔]	かん [칸]	recommend		

歸

歸家(귀가)
復歸(복귀)
歸國(귀국)
歸省(귀성)

언덕 부【𠂤】와 비 추【帚】가 합쳐진 글자로, 밖에 있던 지어미(아내)가
남편을 따라 집으로 되돌아간다는 의미에서 **돌아가다**라는 뜻의 글자

韓國	中國	日本	英語	쓰기	
歸	归	帰	歸		歸 歸 歸
돌아갈 귀	guī [꾸에이]	き [키]	come back		

4급
4회

均

均衡(균형)
均等(균등)
平均(평균)
均配(균배)

울퉁불퉁한 흙【土】덩이를 가지런하고【勻】 평평하게 고른다는 의미로, **고른다**는 뜻의 글자

韓國	中國	日本	英語	쓰기	
均	均	均	均		均 均 均
고를 균	jūn [쥔]	きん [킨]	even		

勤

勤務(근무)
勤勞(근로)
通勤(통근)
缺勤(결근)
勤政殿(근정전)

가죽처럼 질긴 진흙【堇】 밭을 개간하기 위해서는 한층 더 힘【力】을 들여
부지런히 일해야 한다는 의미로, **부지런하다**라는 뜻의 글자

韓國	中國	日本	英語	쓰기	
勤	勤	勤	勤		勤 勤 勤
부지런할 근	qín [친]	きん [킨]	dillgent		

정자(획순)	활용 단어	유래 과정·설명

徒

信徒(신도)
徒步(도보)
聖徒(성도)
無爲徒食(무위도식)

이쪽저쪽의 길【彳】을 군대와 같이 여럿이 무리 지어 몰려다니는【走】 모양으로, **무리**를 뜻하는 글자

韓國	中國	日本	英語
徒	徒	徒	徒
무리 도	tú [투]	と [토]	group

쓰기 徒 徒 徒

妹

妹兄(매형)
姉妹(자매)
男妹(남매)
兄弟姉妹(형제자매)

계집 녀【女】와 아닐 미【未】가 합쳐진 글자로, 아직 철이 들지 않은 여동생을 의미하여, 손아래 **누이**라는 뜻의 글자

韓國	中國	日本	英語
妹	妹	妹	妹
누이 매	mèi [메이]	まい [마이]	younger sister

쓰기 妹 妹 妹

勉

勤勉(근면)
勸勉(권면)
勉學(면학)

늙어서 고생을 면【免】하려면 젊을 때 힘【力】을 다해 일을 해야 한다는 의미로, **힘쓰다**라는 뜻의 글자 *다른 뜻: 부지런할 면

韓國	中國	日本	英語
勉	勉	勉	勉
힘쓸 면	miǎn [미엔]	べん [벤]	work hard

쓰기 勉 勉 勉

4급 5회

鳴

悲鳴(비명)
共鳴(공명)
自鳴鐘(자명종)
百家爭鳴(백가쟁명)

입 구【口】와 새 조【鳥】가 합쳐진 글자로, 새가 입을 벌려 지저귀는 것을 나타내 **울다**라는 뜻의 글자

韓國	中國	日本	英語
鳴	鳴	鳴	鳴
울 명	míng [밍]	めい [메에]	cry

쓰기 鳴 鳴 鳴

妙

妙技(묘기)
絕妙(절묘)
妙案(묘안)
巧妙(교묘)

여자【女】의 마음은 조금 조금【少】 자주 바뀌어 도저히 알 수가 없어 신기하고 묘하다는 의미로, **묘하다**라는 뜻의 글자

韓國	中國	日本	英語
妙	妙	妙	妙
묘할/예쁠 묘	miào [미아오]	みょう [묘오]	curious

쓰기 妙 妙 妙

정자(획순)	활용 단어	유래 과정 · 설명

舞 ⑭

舞臺(무대)
舞踊(무용)
歌舞(가무)
鼓舞(고무)

많은 사람들이 걱정, 근심 없이 손에 손을 잡고【無】서로 발을 엇갈리게【舛】
움직여 춤춘다는 의미로, **춤추다**라는 뜻의 글자

韓國	中國	日本	英語
舞	舞	舞	舞
춤출 무	wǔ [우]	ぶ [부]	dance

쓰기 舞 舞 舞

伏 ⑥

降伏(항복)
屈伏(굴복)
埋伏(매복)
哀乞伏乞(애걸복걸)

사람【亻】에게 잘 복종하는 엎드려 있는 개【犬】의 모양을 나타내어, **엎드리다**라는 뜻의 글자

韓國	中國	日本	英語
伏	伏	伏	伏
엎드릴 복	fú [푸]	ふく [후쿠]	prostrate

쓰기 伏 伏 伏

否 ⑦

拒否(거부)
否認(부인)
否定(부정)
曰可曰否(왈가왈부)

아닐 불【不】과 입 구【口】가 합쳐진 글자로, 하늘 끝까지 날아가는 새는 돌아오지
않는다라는 의미의 글자

韓國	中國	日本	英語
否	否	否	否
아닐 부(불)	fǒu [퍼우]	ひ [히]	nay

쓰기 否 否 否

4급 6회

私 ⑦

私有(사유)
私慾(사욕)
私感(사감)
私生活(사생활)

벼농사를 끝낸 후, 나라에 세금(공물)으로 바치고 남아 자기가 마음대로 할 수 있는 벼【禾】를 개인이 팔로
끌어안고【厶】있는 모양으로, **사사롭다**라는 뜻의 글자 * 사사롭다: 개인이 마음대로 사용하는 것을 말함

韓國	中國	日本	英語
私	私	私	私
사사/사사로울 사	sī [쓰]	し [시]	private

쓰기 私 私 私

射 ⑩

射擊(사격)
反射(반사)
注射(주사)
發射(발사)

옛날 사람들이 화살을 쏘는 모습을 나타낸 것으로, 몸【身】을 잘 가누고
화살을 손으로 잡아 맥백【寸】과 같이 일정한 규칙에 따라서 쏜다는 의미에서 **쏘다**라는 뜻의 글자

韓國	中國	日本	英語
射	射	射	射
쏠 사	shè [셔]	しゃ [샤]	shoot

쓰기 射 射 射

정자(획순)	활용 단어	유래 과정 · 설명

散

分散(분산)
解散(해산)
散策(산책)
散步(산보)

나무를 막대기로 쳐서【攵】 떨어진 잎들이 흩어져 있는 모양으로, **흩어지다**라는 뜻의 글자

韓國	中國	日本	英語
散	散	散	散
흩을 산	sàn [싼]	さん [산]	scatter

쓰기 散 散 散

傷

傷處(상처)
損傷(손상)
傷害(상해)
火傷(화상)

사람【亻】이 화살을 맞아【昜】 몸이 **상하다**라는 뜻의 글자

韓國	中國	日本	英語
傷	伤	傷	傷
다칠/상할 상	shāng [샹]	しょう [쇼오]	hurt

쓰기 傷 傷 傷

舌

口舌(구설)
舌戰(설전)
毒舌(독설)
舌禍(설화)

 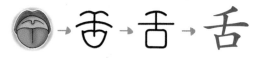 

입【口】에서 혀【千】를 길게 내민 모양으로 **혀**를 뜻하는 글자

韓國	中國	日本	英語
舌	舌	舌	舌
혀/말 설	shé [셔]	ぜつ [제쯔]	tongue

쓰기 舌 舌 舌

4급
7회

松

老松(노송)
赤松(적송)
松花(송화)
落落長松(낙락장송)

모든 산에 널리 퍼져 있는【公】 소나무【木】를 의미해 **소나무**라는 뜻의 글자

韓國	中國	日本	英語
松	松	松	松
소나무 송	sōng [쏭]	しょう [쇼오]	pine

쓰기 松 松 松

秀

優秀(우수)
俊秀(준수)
秀才(수재)
麥秀之嘆(맥수지탄)

많은 벼【禾】 이삭【乃】들 중에서 하나가 아주 길게 늘어지고 열매도 크게 맺어 눈에 띄게 빼어나다는 의미로, **빼어나다**라는 뜻의 글자

韓國	中國	日本	英語
秀	秀	秀	秀
빼어날 수	xiù [시어우]	しゅう [슈우]	excellent

쓰기 秀 秀 秀

정자(획순)	활용 단어	유래 과정·설명

崇

崇拜(숭배)
崇高(숭고)
崇尙(숭상)
崇禮門(숭례문)

韓國	中國	日本	英語
崇	崇	崇	崇
높을 숭	chóng [총]	すう [스으]	revere

모든 사람이 우러러 받들 만큼 높고【宗】 큰 산【山】의 꼭대기(산마루)를 의미하여 **높다**라는 뜻의 글자 *다른 뜻: 받들 숭, 공경할 숭

쓰기 崇

氏

姓氏(성씨)
氏族(씨족)
宗氏(종씨)
氏族社會(씨족사회)

韓國	中國	日本	英語
氏	氏	氏	氏
각시/성씨 씨	shì [스]	し [시]	last name

땅속의 나무뿌리가 뻗어나가듯이, 사람의 씨족(성)의 수가 늘어간다는 의미로 **성**이라는 뜻의 글자

쓰기 氏

嚴

嚴格(엄격)
威嚴(위엄)
嚴守(엄수)
嚴冬雪寒(엄동설한)

韓國	中國	日本	英語
嚴	严	嚴	嚴
엄할 엄	yán [이엔]	げん [겐]	strict

어린 병사가 감히【敢】 언덕 위【厂】에 올라가 힘이 빠진 모든 병사에게 돌격하자고 큰소리【口口】로 호령하는 것이 혹독하고 엄하게 마음에 와 닿는다는 의미로, **엄하다**라는 뜻의 글자 *다른 뜻: 혹독할 엄, 경계할 엄, 공경할 엄

쓰기 嚴

4급
8회

與

與件(여건)
給與(급여)
贈與(증여)
與否(여부)
授與(수여)

韓國	中國	日本	英語
與	与	与	與
더불/줄 여	yù [위]	よ [요]	give

옛날 귀중한 보물인 코끼리 상아를 양손【舁】으로 서로 주고【与】받는 모양으로, **주다**라는 뜻의 글자 *다른 뜻: 참여할 여, 편들 여

쓰기 與

易

簡易(간이)
貿易(무역)
交易(교역)
易地思之(역지사지)

韓國	中國	日本	英語
易	易	易	易
바꿀/쉬울 역/이	yì [이]	えき/い [에끼/이]	change

환경【日】에 따라 몸의 색깔을 쉽게 바꾸는 도마뱀【勿】의 모양으로, **바꾸다**라는 뜻의 글자

쓰기 易

정자(획순)	활용 단어	유래 과정·설명

烈

猛烈(맹렬)
熾烈(치열)
烈士(열사)
強烈(강렬)

韓國	中國	日本	英語
烈	烈	烈	烈
매울 렬(열)	liè [리에]	れつ [레쯔]	hot

맹렬히 타오르는 불길【灬】이 세차게 사방으로 펴져【列 벌어져】 나간다는 데서 세차다·맵다라는 뜻의 글자

쓰기 烈

迎

迎入(영입)
歡迎(환영)
迎接(영접)
送舊迎新(송구영신)

韓國	中國	日本	英語
迎	迎	迎	迎
맞을 영	yíng [잉]	げい [게에]	welcome

귀한【卬】 사람을 멀리 마중 나가서【辶】 높이 받들어 맞이한다는 의미로, 맞이하다라는 뜻의 글자

쓰기 迎

遇

處遇(처우)
待遇(대우)
境遇(경우)
遭遇(조우)
不遇(불우)

韓國	中國	日本	英語
遇	遇	遇	遇
만날 우	yù [위]	ぐう [구우]	encounter

원숭이【禺】와 같은 짐승들이 이리저리 다니다【辶】 서로 우연히 만난다는 데서 만나다라는 뜻의 글자

쓰기 遇

4급 9회

怨

怨恨(원한)
怨望(원망)
民怨(민원)
怨聲(원성)

韓國	中國	日本	英語
怨	怨	怨	怨
원망할 원	yuàn [위엔]	えん [엔]	resent

저녁【夕】에 아무리 누워 뒹굴어도【巳】 잠을 이룰 수 없을 정도로 미움과 원망이 마음【心】에 사무쳐 있다는 데서 원망하다라는 뜻의 글자

쓰기 怨

危

危機(위기)
危險(위험)
危急(위급)
危殆(위태)

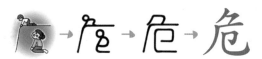

韓國	中國	日本	英語
危	危	危	危
위태할 위	wēi [웨이]	キ [키]	dangerous

절벽 끝【厂】에서 떨어질 것 같은 자식【人】을 꿇어【巳】 앉아 보고 있는 엄마의 모양으로, 위태로운 상태를 나타내어 위태하다라는 뜻의 글자

쓰기 危

정자(획순)	활용 단어	유래 과정·설명

威 ⑨

威嚴(위엄)
威力(위력)
威脅(위협)
權威(권위)

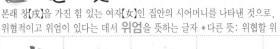 

본래 창【戊】을 가진 힘 있는 여자【女】인 집안의 시어머니를 나타낸 것으로, 위협적이고 위엄이 있다는 데서 **위엄**을 뜻하는 글자 *다른 뜻: 위협할 위

韓國	中國	日本	英語
威	威	威	威
위엄 위	wēi [웨이]	い [이]	dignity

쓰기 威

遊 ⑬

野遊(야유)
遊覽(유람)
遊牧(유목)
遊園地(유원지)

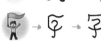 

손에 깃발을 들고 사방으로 돌아다니며【辶】 노는 아이【子】들의 모습으로, **놀다**라는 뜻의 글자

韓國	中國	日本	英語
遊	游	遊	遊
놀 유	yóu [여우]	ゆう [유우]	play

쓰기 遊

遺 ⑯

遺産(유산)
遺物(유물)
遺書(유서)
遺族(유족)

먼 길을 떠날 때【辶】 가장 귀한【貴】 것을 남겨 놓고 떠난다, 즉 죽을 때는 귀한 재산을 **남기다**라는 의미의 글자

韓國	中國	日本	英語
遺	遗	遺	遺
남길/끼칠 유	yí [이]	い [이]	inherit

쓰기 遺

4급 10회

依 ⑧

依賴(의뢰)
依存(의존)
依託(의탁)
舊態依然(구태의연)

사람【亻】이 추울 때나 더울 때나 항상 옷【衣】에 의지한다는 의미로, **의지하다**라는 뜻의 글자

韓國	中國	日本	英語
依	依	依	依
의지할 의	yī [이]	い [이]	rely on

쓰기 依

異 ⑪

異性(이성)
異議(이의)
差異(차이)
異見(이견)
異變(이변)

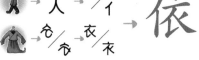

조금이라도 더 가지려고 물건【田】을 나누는 두 손【共 사람】의 마음이 서로 다르다는 의미로, **다르다**라는 뜻의 글자

韓國	中國	日本	英語
異	异	異	異
다를 이	yì [이]	い [이]	different

쓰기 異

정자(획순)	활용 단어	유래 과정·설명

仁

仁者(인자)
仁術(인술)
仁義(인의)
殺身成仁(살신성인)

仁 → 仁 → 仁 → 仁

두【二】 사람【亻】이 서로를 대하는 모양이 착하고 **어질다**라는 의미의 글자

韓國	中國	日本	英語
仁	仁	仁	仁
어질 인	rén [런]	じん [진]	benevolent

쓰기 仁 仁 仁

姉

姉妹(자매)
姉兄(자형)
姉妹結緣(자매결연)

→ 老 → 女
→ 巿 → 巿 → 姉

계집 녀【女】와 시장 시【市】가 합쳐진 글자로, 여자 형제 중 다 자라서 시장에 나가 물건을 사고팔 수 있는 여자는 제일 큰 누이라는 의미로, **손윗누이**라는 뜻의 글자 *참고: 姉(자)=姊(자)

韓國	中國	日本	英語
姉	姉	姉	姉
손 윗누이 자	zǐ [즈]	し [시]	older sister

쓰기 姉 姉 姉

壯

壯年(장년)
雄壯(웅장)
健壯(건장)
壯元(장원)

→ 壯 → 壯 → 壯

널빤지【爿】처럼 넓고 큰 기상과 선비【士】처럼 굳센 절개를 가진 사내의 씩씩함을 의미해 **씩씩하다**라는 뜻의 글자 *참고: '爿'은 크다, '片'은 적다라는 뜻이 있음

韓國	中國	日本	英語
壯	壮	壮	壮
장할/씩씩할 장	zhuàng [쭈앙]	そう [소오]	admirable

쓰기 壯 壯 壯

適

適合(적합)
適切(적절)
適格(적격)
適性(적성)
適應(적응)

→ 啇 → 啇
→ 辵 / 辶 → 適

나무가 쓰러지지 않고 서 있을 수 있도록 나무뿌리【啇 밑동 적】가 뻗어나가는【辶】 것이 적당하고 알맞다는 의미로, **맞다**라는 뜻의 글자

韓國	中國	日本	英語
適	适	適	適
맞을 적	shì [스]	てき [테끼]	appropriate

쓰기 適 適 適

錢

金錢(금전)
銅錢(동전)
換錢(환전)
錢票(전표)

→ 金 → 金
→ 㦮 → 㦮 → 錢

옛날 창【戈】이나 칼 모양으로, 쇠【金】를 깎아 돈으로 만든 데서 나온 글자

韓國	中國	日本	英語
錢	钱	錢	錢
돈 전	qián [치엔]	せん [센]	money

쓰기 錢 錢 錢

정자(획순)	활용 단어	유래 과정·설명

點檢(점검)
得點(득점)
罰點(벌점)
汚點(오점)

점【占】을 보고 그 점괘가 자신의 것이라는 표시를 검은【黑】 먹물로
점을 찍어 나타낸 의미로, 점을 뜻하는 글자

韓國	中國	日本	英語
點	点	点	點
점 점	diǎn [디엔]	てん [텐]	dot

쓰기 點 點 點

靜寂(정적)
靜肅(정숙)
鎭靜劑(진정제)
靜電氣(정전기)

푸를 청【靑】와 다툴 쟁【爭】이 합쳐진 글자로, 소란스러운 큰 다툼이 끝나면
푸른 하늘과 같이 고요함이 찾아온다는 의미에서 고요하다라는 뜻의 글자 *다른 뜻: 깨끗할 정

韓國	中國	日本	英語
靜	静	静	靜
고요할 정	jìng [찡]	せい [세이]	silent

쓰기 靜 靜 靜

生存(생존)
保存(보존)
存在(존재)
存立(존립)

새싹【才】과도 같은 자식【子】을 계속 낳아야 그 후대·후세가 끊기지 않고
존재할 수 있다는 의미로, 있다라는 뜻의 글자

韓國	中國	日本	英語
存	存	存	存
있을 존	cún [춘]	そん [손]	exist

쓰기 存 存 存

從事(종사)
順從(순종)
服從(복종)
追從(추종)
類類相從(유유상종)

길【彳】을 먼저 앞서 간 사람【人人】들을 쫓아가는 발【止】의 모양으로,
남을 따라서 쫓아간다는 의미로, 쫓다라는 뜻의 글자

韓國	中國	日本	英語
從	从	従	從
쫓을 종	cóng [총]	じゅう [쥬우]	follow

쓰기 從 從 從

4급
12회

鍾路(종로)
鍾閣(종각)
打鍾(타종)
招人鍾(초인종)

쇠북【金】로 만든 무거운【童=重】 술그릇을 나타내 그 무게가 쇠북처럼 무겁다는 데서
쇠북을 뜻하는 글자 *참고: 鐘(쇠북 종: 20획)은 鍾(쇠북 종: 17획)과 통자(通字)

韓國	中國	日本	英語
鍾	钟	鍾	鍾
쇠북 종	zhōng [쫑]	しょう [쇼오]	bell

쓰기 鍾 鍾 鍾

정자(획순)	활용 단어	유래 과정·설명

朱

朱黃(주황)
朱墨(주묵)
印朱(인주)
朱木(주목)

나무 목【木】에 표시를 나타내는 점【丶】을 덧붙인 것으로 소나무, 잣나무같이 붉은 나무를 가리켜 붉다라는 뜻의 글자

韓國	中國	日本	英語
朱	朱	朱	朱
붉을 주	zhū [쭈]	しゅ [슈]	red

쓰기: 朱 朱 朱

酒

麥酒(맥주)
燒酒(소주)
酒幕(주막)
飮酒(음주)
洋酒(양주)

술병【酉】에 들어 있는 물【氵】 같은 액체가 술이라는 뜻의 글자

韓國	中國	日本	英語
酒	酒	酒	酒
술 주	jiǔ [지어우]	しゅ [슈]	liquor

쓰기: 酒 酒 酒

4급 13회

證

證據(증거)
保證(보증)
證人(증인)
檢證(검증)
領收證(영수증)

높은 증언대 위에 올라가【癶】 거짓 없이 사실대로 말【言】해 증언하고 증거를 댄다는 의미로, 증거라는 뜻의 글자

韓國	中國	日本	英語
證	証	証	證
증거 증	zhèng [쩡]	しょう [쇼오]	evidence

쓰기: 證 證 證

持

維持(유지)
持參(지참)
矜持(긍지)
所持(소지)

손 수【扌】와 절 사【寺】가 합쳐진 글자로, 관청(절)에서 내려온 중요한 문서를 손으로 꼭 잡고 소중히 가지고 있다는 데서 가지다·잡다라는 뜻의 글자

韓國	中國	日本	英語
持	持	持	持
가질 지	chí [츠]	じ [지]	hold

쓰기: 持 持 持

盡

盡心(진심)
消盡(소진)
蕩盡(탕진)
賣盡(매진)

손【扌】에 소꼬리 모양의 수세미【聿】를 들고 그릇【皿】을 씻고 있는 모습으로, 음식을 다 먹고 설거지를 하는 데서 다하다·끝나다라는 뜻의 글자

韓國	中國	日本	英語
盡	尽	尽	盡
다할 진	jìn [찐]	じん [진]	to exhaust

쓰기: 盡 盡 盡

정자(획순)	활용 단어	유래 과정·설명

採光(채광)
採集(채집)
採用(채용)
採擇(채택)

손【扌】과 손【爪】으로 나무【木】의 과일을 따거나 나무를 뿌리째 캐내는 모양으로, **캐다**라는 뜻의 글자

韓國	中國	日本	英語
採	采	採	採
캘 채	cǎi [차이]	さい [사이]	pick

쓰기 採 採 採

冊房(책방)
書冊(서책)
冊床(책상)
別冊(별책)

옛날 대나무 조각【冊】에 글을 써서 가죽끈으로 만든 책의 모양으로, **책**이라는 뜻의 글자

韓國	中國	日本	英語
冊	册	冊	冊
책 책	cè [츠어]	さつ [사쯔]	book

쓰기 冊 冊 冊

溫泉(온천)
冷泉(냉천)
源泉(원천)
黃泉(황천)

땅에서 물【水】이 솟아오르는【白】곳이 **샘**이라는 뜻의 글자

韓國	中國	日本	英語
泉	泉	泉	泉
샘 천	quán [취엔]	せん [센]	fountain

쓰기 泉 泉 泉

4급
14회

聽衆(청중)
聽取(청취)
盜聽(도청)
視聽者(시청자)

곧을 직【直】, 마음 심【心】, 귀 이【耳】, 임금 왕【王】이 합쳐진 글자로,
곧고 바른 마음과 귀로 백성의 소리를 듣는 임금을 의미해 **듣다**라는 뜻의 글자

韓國	中國	日本	英語
聽	听	聴	聽
들을 청	tīng [팅]	ちょう [쵸오]	hear

쓰기 聽 聽 聽

招請(초청)
招聘(초빙)
問招(문초)
招待狀(초대장)

손 수【扌】와 부를 소【召】가 합쳐진 글자로, 윗사람이 아랫사람을 손짓하여
부른다는 의미에서 **부르다**라는 뜻의 글자

韓國	中國	日本	英語
招	招	招	招
부를 초	zhāo [짜오]	しょう [쇼오]	call

쓰기 招 招 招

정자(획순)	활용 단어	유래 과정 · 설명

推

推進(추진)
推定(추정)
推測(추측)
推薦(추천)

韓國	中國	日本	英語
推	推	推	推
밀 추	tuī [투에이]	すい [스이]	press

새【隹】가 싸울 때 날갯짓을 하여 적을 밀어내듯이 손【扌】으로 어떤 것을 밀어낸다는 의미로, **밀다**라는 뜻의 글자

쓰기 推 推 推

就

就業(취업)
就職(취직)
成就(성취)
就任(취임)
就航(취항)

韓國	中國	日本	英語
就	就	就	就
나아갈 취	jiù [지어우]	しゅう [슈우]	advance

서울 경【京】과 더욱 우【尤】가 합쳐진 글자로, 높은 언덕에 궁궐을 짓고 더욱더 많은 사람들을 서울에 살게 하여 나라의 중심인 수도(서울)를 크게 이루고 발전으로 나아가게 한다는 의미로, 이루다 · **나가다**라는 뜻의 글자

쓰기 就 就 就

針

指針(지침)
檢針(검침)
方針(방침)
羅針盤(나침반)

韓國	中國	日本	英語
針	针	針	針
바늘 침	zhēn [쩐]	しん [신]	needle

쇠 금【金】과 열 십【十】이 합쳐진 글자로, 쇠【金】로 만든 것을 열【十】손가락 움직여 사용하는 것은 바느질할 때의 **바늘**이라는 뜻의 글자

쓰기 針 針 針

4급
15회

脫

脫落(탈락)
脫稅(탈세)
離脫(이탈)
虛脫(허탈)

韓國	中國	日本	英語
脫	脱	脱	脫
벗을 탈	tuō [투어]	だつ [다쯔]	take off

고기 육【月/肉】과 바꿀 태【兌】가 합쳐진 글자로, 짐승, 벌레가 허물을 벗고 몸을 바꾸는 것처럼 사람이 살이 빠져 변한다는 데서 **벗다 · 빠지다**라는 뜻의 글자

쓰기 脫 脫 脫

探

探索(탐색)
探險(탐험)
探訪(탐방)
探査(탐사)

韓國	中國	日本	英語
探	探	探	探
찾을 탐	tàn [탄]	たん [탄]	find

깜깜한 굴속【穴】에 들어가 손【扌】에 막대기【木】를 들고 더듬어 물건을 찾는다는 의미로, **찾는다**라는 뜻의 글자

쓰기 探 探 探

정자(획순)	활용 단어	유래 과정·설명

投

投資(투자)
投票(투표)
投宿(투숙)
投入(투입)

손【扌】에 창【殳】을 들고 적(상대방)에게 힘껏 던진다는 의미로, **던지다**라는 뜻의 글자

韓國	中國	日本	英語
投	投	投	投
던질 투	tóu [터우]	とう [토오]	throw

쓰기: 投 投 投

判

判斷(판단)
判事(판사)
裁判(재판)
判決(판결)
審判(심판)

두 사람이 소를 잡아 뒷말이 없게 칼【刂】로 정확히 반【半】을 나누어 가지듯이
모든 일의 옳고 그름을 똑바로 갈라 정확히 **판단하다**라는 뜻의 글자

韓國	中國	日本	英語
判	判	判	判
판단할 판	pàn [판]	はん [한]	judge

쓰기: 判 判 判

閉

閉業(폐업)
閉幕(폐막)
開閉(개폐)
閉鎖(폐쇄)

두 쪽 문【門】의 가운데 빗장【才】을 걸어 문을 닫은 모양에서 **닫다**라는 뜻의 글자

韓國	中國	日本	英語
閉	闭	閉	閉
닫을 폐	bì [삐]	へい [헤이]	close

쓰기: 閉 閉 閉

4급 16회

恨

怨恨(원한)
餘恨(여한)
悔恨(회한)
恨歎(한탄)

원통하고 분한 마음【忄】이 너무 깊어 없어지지 않고 머물러【艮】
남아 있는(그쳐 있는) 것을 나타내 한스럽다·**한하다**라는 뜻의 글자 ＊다른 뜻: 뉘우칠 한

韓國	中國	日本	英語
恨	恨	恨	恨
한(怨) 한	hèn [헌]	こん [콘]	resent

쓰기: 恨 恨 恨

閑

閑暇(한가)
閑散(한산)
閑寂(한적)
忙中閑(망중한)

원래는 나무로 만든 우리(마구간)의 의미로, 마구간의 일을 마치고 문【門】을
나무【木】로 막아두면 할 일을 다해 **한가하다**라는 뜻의 글자

韓國	中國	日本	英語
閑	闲	閑	閑
한가할 한	xián [시엔]	かん [칸]	idle

쓰기: 閑 閑 閑

정자(획순)	활용 단어	유래 과정·설명

革⑨

皮革(피혁)
革命(혁명)
改革(개혁)
革新(혁신)
沿革(연혁)

韓國	中國	日本	英語
革	革	革	革
가죽 혁	gé [끄어]	かく [카쿠]	feather

짐승을 십자 막대【十】에 걸어 놓고 양쪽에서 두 손으로 털을 뽑아 남는 것은 **가죽**이라는 의미의 글자

쓰기 革

刑⑥

重刑(중형)
刑法(형법)
求刑(구형)
死刑(사형)

韓國	中國	日本	英語
刑	刑	刑	刑
형벌 형	xíng [씽]	けい [케에]	punishment

죄인을 형틀【井의 변형】에 가두어 묶은 다음 칼【刂】로서 형벌을 준다는 의미로, **형벌**이라는 뜻의 글자

쓰기 刑

婚⑪

結婚(결혼)
請婚(청혼)
婚需(혼수)
婚姻(혼인)
離婚(이혼)

韓國	中國	日本	英語
婚	婚	婚	婚
혼인할 혼	hūn [훈]	こん [콘]	marry

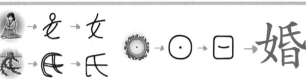

1. 옛날 결혼을 할 때 신부【女】를 해가 질【昏】 무렵에 맞이하여 **혼인**을 한다는 의미의 글자
2. 혼인을 하는 것은 여자【女】가 성씨【氏】를 바꾸는 날【日】이라는 의미의 글자

쓰기 婚

混⑪

混合(혼합)
混沌(혼돈)
混雜(혼잡)
混亂(혼란)

韓國	中國	日本	英語
混	混	混	混
섞을 혼	hùn [훈]	こん [콘]	mix

물 수【氵】와 같은 곤【昆】이 합쳐진 글자로, 흐르는 여러 갈래의 물이 나중에는 같은 곳으로 흘러 들어와 서로 **섞인다**라는 의미의 글자

쓰기 混

紅⑨

紅茶(홍차)
紅一點(홍일점)
同價紅裳(동가홍상)
紅顔(홍안)

韓國	中國	日本	英語
紅	紅	紅	紅
붉을 홍	hóng [홍]	こう [코오]	red

장인【工】이 물건을 만든다는 의미의 글자로, 실【糸】에 붉은 물감을 들여 색깔을 **붉게** 만든 데서 나온 글자

쓰기 紅

4급
17회

정자(획순)	활용 단어	유래 과정·설명

華

華麗(화려)
華燭(화촉)
繁華街(번화가)
富貴榮華(부귀영화)

풀【艹】과 완전히 활짝 피어 아름답고 화려한 꽃의 모양이 빛난다는 의미로, 빛나다라는 뜻의 글자

韓國	中國	日本	英語
華	华	華	華
빛날 화	huá [후아]	か [카]	brilliant

쓰기 華

歡

歡呼(환호)
歡待(환대)
歡迎(환영)
歡送(환송)

배고픈 황새【雚】가 먹이를 발견하고 먹기 위해 입을 크게 벌려【欠】 기뻐한다는 의미로, 기쁘다라는 뜻의 글자

韓國	中國	日本	英語
歡	欢	歡	歡
기쁠 환	huān [후안]	かん [칸]	happy

쓰기 歡

厚

厚意(후의)
厚謝(후사)
厚生(후생)
上厚下薄(상후하박)

캄캄한 굴속【厂】까지 온기(햇빛)을 비추는 해【日】처럼, 부모는 자식【子】에 대한 온정이 두텁다라는 뜻의 글자 *다른 뜻: 후할 후

韓國	中國	日本	英語
厚	厚	厚	厚
두터울 후	hòu [허우]	こう [코오]	thick

쓰기 厚

4급 18회

喜

喜悲(희비)
喜劇(희극)
歡喜(환희)
喜消息(희소식)

경사스러운 일에 북【효 악기 이름 주】을 치면서 입【口】을 크게 벌리고 즐거워 기뻐하는 모양으로, 기쁘다라는 뜻의 글자

韓國	中國	日本	英語
喜	喜	喜	喜
기쁠 희	xǐ [시]	き [키]	happy

쓰기 喜

준3급

＊ 학습의 편의를 위해 급수별로 분류(한국어문회 기준)

준3級 급수漢字에서 빠진 한자(434字)

아이한자(www.ihanja.com) 홈페이지 온라인 365한자(8급-1급) 참조

정자(획순)	활용 단어	유래 과정 · 설명

耕

耕作(경작)
農耕(농경)
耕地(경지)
晝耕夜讀(주경야독)

쟁기【耒 쟁기 뢰】로 울타리【井 울타리 모양】를 치듯 둔덕을 짓다 ·
밭을 갈다라는 뜻의 글자

韓國	中國	日本	英語	
耕	耕	耕	耕	쓰기
밭 갈 경	gēng [껑]	こう [코오]	cultivate	耕 耕 耕

久

久遠(구원)
耐久(내구)
長久(장구)
持久力(지구력)

가는 사람【人】을 뒤에서 잡아【㇜】 오랫동안 끌고 있는 모양으로, 오래다 ·
머무르다라는 뜻의 글자

韓國	中國	日本	英語	
久	久	久	久	쓰기
오랠 구	jiǔ [지어우]	きゅう [큐우]	long	久 久 久

弓

洋弓(양궁)
弓道(궁도)
弓術(궁술)
國弓(국궁)

활【弓】의 모양을 본뜬 글자
*참고: '활', '궁술', '길이의 단위=1弓은 여섯 자(尺)

韓國	中國	日本	英語	
弓	弓	弓	弓	쓰기
활 궁	gōng [꿍]	きゅう [큐우]	bow	弓 弓 弓

준3급
1회

及

普及(보급)
言及(언급)
可及的(가급적)
後悔莫及(후회막급)

앞서 달아나는 사람【人】에게 손【又】이 미치다라는 의미로,
미치다 · 함께라는 뜻의 글자

韓國	中國	日本	英語	
及	及	及	及	쓰기
미칠 급	jí [지]	きゅう [큐우]	extend	及 及 及

茶

茶菓(다과)
茶房(다방)
茶禮(다례)
綠茶(녹차)
紅茶(홍차)

자란【余】 새싹【艹】을 따서 잎을 달여서 차로 마신다는 의미로,
차를 뜻하는 글자 *글자가 뒤에 붙으면 '차'로 읽는다.

韓國	中國	日本	英語	
茶	茶	茶	茶	쓰기
차 다/차	chá [차]	さ/ちゃ [사/쟈]	tea	茶 茶 茶

정자(획순)	활용 단어	유래 과정·설명

刀

면도 項目	
面刀(면도) 竹刀(죽도) 短刀(단도) 執刀(집도)	

칼날【刀】이 구부정하게 굽은 **칼**이라는 뜻의 글자
*참고: 칼(刀)이 옛날에는 이런 모양의 '돈'이라는 뜻도 있음

韓國	中國	日本	英語
刀	刀	刀	刀
칼 도	dāo [따오]	とう [토오]	knife

쓰기 刀　刀　刀

浪

浪費(낭비) 浪漫(낭만) 激浪(격랑) 風浪(풍랑)	

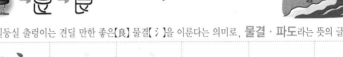

둥실둥실 출렁이는 견딜 만한 좋은【良】물결【氵】을 이룬다는 의미로, **물결·파도**라는 뜻의 글자

韓國	中國	日本	英語
浪	浪	浪	浪
물결 랑(낭)	làng [랑]	ろう [로오]	wave

쓰기 浪　浪　浪

涼

清涼(청량) 荒涼(황량) 納涼(납량)	

높은 곳【京】에서 물【氵】이 떨어져, **서늘하다**라는 뜻의 글자
*다른 뜻: '쓸쓸하다', '슬퍼하다'라는 뜻도 있음 *涼(량)은 凉(량)의 속자(俗字)

韓國	中國	日本	英語
涼	涼	涼	涼
서늘할 량(양)	liáng [리앙]	りょう [료오]	cool

쓰기 涼

露

暴露(폭로) 綻露(탄로) 露出(노출) 露宿(노숙)	

길【路】가에 내린 비【雨】로, 풀잎이 촉촉이 젖어 있는 **이슬**이라는 뜻의 글자
*다른 뜻: '드러나다', '나타나다'라는 뜻도 있음

韓國	中國	日本	英語
露	露	露	露
이슬 로(노)	lù [루]	ろ [로]	dew

쓰기 露　露　露

晚

晚秋(만추) 晚鐘(만종) 晚餐(만찬) 早晚間(조만간)	

해【日】가 서쪽으로 돌아 빠질【免】때는 **늦다·해지다·저물다**라는 뜻의 글자

韓國	中國	日本	英語
晚	晚	晚	晚
늦을 만	wǎn [완]	ばん [반]	late

쓰기 晚　晚　晚

정자(획순)	활용 단어	유래 과정·설명

麥
麥酒(맥주)
麥芽(맥아)
麥秀之嘆(맥수지탄)

깜부기가 붙어 있고 익어서 고개가 빳빳한 보리 모양으로, **보리**를 뜻하는 글자
*【夊】는 춘궁기를 지나 먹을 것이 왔다는 뜻

韓國	中國	日本	英語
麥	麦	麦	麥
보리 맥	mài [마이]	ばく [바쿠]	barley

쓰기 麥 麥 麥

免
免除(면제)
免許(면허)
罷免(파면)
免罪(면죄)

토끼【免】가 덫에 걸렸다가 꼬리【、】만 잘리고 죽음을 면한다【免】는 의미로, **면하다**라는 뜻의 글자

韓國	中國	日本	英語
免	免	免	免
면할 면	miǎn [미엔]	めん [멘]	avoid

쓰기 免 免 免

眠
冬眠(동면)
熟眠(숙면)
休眠(휴면)
不眠症(불면증)

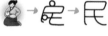

눈【目】이 감겨져【民은 죄수의 눈을 찌른 모양】 있는 모양으로, **잠**이라는 뜻의 글자

韓國	中國	日本	英語
眠	眠	眠	眠
잘 면	mián [미엔]	みん [민]	sleep

쓰기 眠 眠 眠

준3급
3회

尾
尾行(미행)
交尾(교미)
魚頭肉尾(어두육미)
龍頭蛇尾(용두사미)

짐승의 엉덩이【尸】 부분에 난 털【毛】의 모양으로, **꼬리**를 뜻하는 글자

韓國	中國	日本	英語
尾	尾	尾	尾
꼬리 미	wěi [웨이]	び [비]	tail

쓰기 尾 尾 尾

飯
白飯(백반)
飯店(반점)
飯饌(반찬)
十匙一飯(십시일반)

잡곡밥【食】은 뒤집어【反】 가면서 푼다는 의미로, 또한 비빔밥【食】은 뒤집어【反】서 섞어 먹는다는 의미로, **밥**을 뜻하는 글자

韓國	中國	日本	英語
飯	饭	飯	飯
밥 반	fàn [판]	はん [한]	dinner

쓰기 飯 飯 飯

정자(획순)	활용 단어	유래 과정 · 설명

扶

扶助(부조)
扶養(부양)
相扶相助(상부상조)

장정【夫】이 손【扌】으로 부축하여 준다는 의미로, **돕다 · 붙들다 · 구원하다**라는 뜻의 글자

韓國	中國	日本	英語
扶	扶	扶	扶
도울 부	fú [푸]	ふ [후]	help

쓰기 扶 扶 扶

浮

浮揚(부양)
浮力(부력)
浮刻(부각)
浮動層(부동층)

물【氵】 위로 부풀어【孚 손으로 아기를 안은 모양】 떠오른 모양으로, **뜬다**라는 뜻의 글자

韓國	中國	日本	英語
浮	浮	浮	浮
뜰 부	fú [푸]	ふ [후]	yard

쓰기 浮 浮 浮

喪

喪家(상가)
喪失(상실)
問喪(문상)
國喪(국상)

망【亡】함이나 죽음을 슬퍼하여 울다【哭】에서 죽으면 생명을 잃은 것이니 **잃다**라는 뜻의 글자

韓國	中國	日本	英語
喪	丧	喪	喪
잃을 상	sàng [샹]	そう [소오]	lose

쓰기 喪 喪 喪

惜

惜別(석별)
惜敗(석패)
哀惜(애석)
愛惜(애석)

지난 것【昔 예 석】이지만 좋은 것은 아까운 마음【忄】으로, **아까워하다**라는 뜻의 글자

韓國	中國	日本	英語
惜	惜	惜	惜
아낄 석	xī [시]	せき [세키]	save

쓰기 惜 惜 惜

중3급 4회

壽

壽命(수명)
長壽(장수)
壽宴(수연)
十年減壽(십년감수)

선비【士】가 한 말【口】이나 장인【工】이 척도【寸】에 따라 만든 물건은 수명이 오래간다는 의미로, **목숨**을 뜻하는 글자

韓國	中國	日本	英語
壽	寿	寿	壽
목숨 수	shòu [셔우]	じゅ [쥬]	life

쓰기 壽 壽 壽

정자(획순)	활용 단어	유래 과정·설명

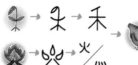

愁

愁心(수심)
憂愁(우수)
哀愁(애수)
鄉愁(향수)

韓國	中國	日本	英語
愁	愁	愁	愁
근심 수	chóu [처우]	しゅう [슈우]	worry

가을【秋】에 느껴지는 쓸쓸한 마음【心】이 시든다는 데서, **근심**을 뜻하는 글자

쓰기: 愁 愁 愁

拾

拾得(습득)
收拾(수습)
道不拾遺(도불습유)

韓國	中國	日本	英語
拾	拾	拾	拾
주울 습	shí [스]	しゅう [슈우]	pick up

손【扌】으로 주운 쓸 만한 물건들
【口】을 지붕 밑에 모아【厶 모을 집】둔다는 의미로, **줍다**라는 뜻의 글자 *다른 뜻: 열 십

쓰기: 拾 拾 拾

乘

乘客(승객)
搭乘(탑승)
乘務員(승무원)
加減乘除(가감승제)

韓國	中國	日本	英語
乘	乘	乘	乘
탈/오를 승	chéng [청]	じょう [조오]	get in

의자가 없던 시절에는 지도자는 나무【木】에 올라 교화(敎化)를 했다는 의미로,
타다·오르다라는 뜻의 글자

쓰기: 乘 乘 乘

我

我軍(아군)
自我(자아)
我田引水(아전인수)

韓國	中國	日本	英語
我	我	我	我
나 아	wǒ [워]	が [가]	I

나는 내 손【扌】으로 스스로 지켜야【戈】한다는 의미로, **나**를 뜻하는 글자

쓰기: 我 我 我

준3급
5회

央

中央(중앙)
中央廳(중앙청)
中央集權(중앙집권)

韓國	中國	日本	英語
央	央	央	央
가운데 앙	yāng [양]	おう [오오]	center

큰 대【大】와 멀 경【冂】이 합쳐진 글자로, 나를 중심으로
전후좌우상하【前後左右上下=六合】의 가운데, 즉 입체적인 **가운데**를 뜻하는 글자

쓰기: 央 央 央

정자(획순)	활용 단어	유래 과정·설명

仰祝(앙축)
推仰(추앙)
信仰(신앙)
仰望(앙망)

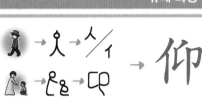

내가【卬나 앙】 나보다 높은 사람【亻】을 쳐다본다는 의미로, **우러러보다**라는 뜻의 글자

韓國	中國	日本	英語
仰	仰	仰	仰
우러를 앙	yǎng [양]	ぎょう [교오]	revere

쓰기 仰 仰 仰

哀悼(애도)
哀慕(애모)
哀惜(애석)
哀願(애원)

동정의 목소리【口】를 옷소매【衣】를 여미듯 한군데로 모으고, 운다는 의미로 **슬퍼하다**라는 뜻의 글자

韓國	中國	日本	英語
哀	哀	哀	哀
슬플 애	āi [아이]	あい [아이]	sad

쓰기 哀 哀 哀

萬若(만약)
若干(약간)
傍若無人(방약무인)
明若觀火(명약관화)

손【右】으로 식물【艹】을 채취함에는 거의 비슷비슷하다는 의미로, **같다·만일**이란 뜻으로 가차됨

韓國	中國	日本	英語
若	若	若	若
같을 약	ruò [루어]	じゃく [쟈쿠]	same

쓰기 若 若 若

引揚(인양)
高揚(고양)
揭揚(게양)
讚揚(찬양)
意氣揚揚(의기양양)

손【扌】으로 들추어내어 오르게【昜 오를 양】 한다는 의미로, **날리다**라는 뜻의 글자

韓國	中國	日本	英語
揚	扬	揚	揚
날릴 양	yáng [양]	よう [요오]	fly

쓰기 揚 揚 揚

3급 6회

讓步(양보)
分讓(분양)
讓渡(양도)
辭讓(사양)
謙讓(겸양)

마음의 용량이 커야【襄】 그가 하는 말【言】이 남에게 사양하는 말이 된다는 의미로, 양보·겸손 **사양하다**라는 뜻의 글자

韓國	中國	日本	英語
讓	让	讓	讓
사양할 양	ràng [랑]	じょう [죠오]	decline

쓰기 讓 讓 讓

정자(획순)	활용 단어	유래 과정·설명

憶

記憶(기억)
追憶(추억)
愊憶(핍억)

마음【忄】에 품고 있는 생각【意】이 지워지지 않음을 나타내는 의미로,
생각하다·기억하다라는 뜻의 글자

韓國	中國	日本	英語
憶	忆	憶	憶
생각할 억	yì [이]	おく [오쿠]	think

쓰기 憶 憶 憶

悟

悟性(오성)
覺悟(각오)
悟道(오도)
大悟覺醒(대오각성)

내가【吾 나오】처한 입장을 마음【忄】으로 느껴 **깨닫다**·깨우치다·총명하다라는 뜻의 글자

韓國	中國	日本	英語
悟	悟	悟	悟
깨달을 오	wù [우]	ご [고]	realize

쓰기 悟 悟 悟

欲

欲情(욕정)
欲求(욕구)
情欲(정욕)
欲速不達(욕속부달)

부족【欠 모자랄 흠】한 것을 채우고자【谷】하는 사람의 본성을 나타낸 의미로,
하려고 하다·**바라다**라는 뜻의 글자

韓國	中國	日本	英語
欲	欲	欲	欲
하고자할/바랄 욕	yù [위]	よく [요쿠]	desire

쓰기 欲 欲 欲

宇

宇宙(우주)
氣宇(기우)
屋宇(옥우)
宇宙洪荒(우주홍황)

하늘을 집【宀】이라고 하는 무한한 공간을 의미하는 글자로,
집·하늘이라는 뜻의 글자 *참고: 于(어조사 우)

韓國	中國	日本	英語
宇	宇	宇	宇
집 우	yǔ [위]	う [우]	house

쓰기 宇 宇 宇

을3급
7회

憂

憂慮(우려)
憂愁(우수)
憂患(우환)
憂鬱(우울)

사람의 마음【心】과 판단이 머리를【頁】 뒤집어 씌운【宀】것처럼 뒤로
【夂】 진행되다라는 의미로, 걱정·**근심**이라는 뜻의 글자

韓國	中國	日本	英語
憂	忧	憂	憂
근심 우	yōu [여우]	ゆう [유우]	worry

쓰기 憂

정자(획순)	활용 단어	유래 과정 · 설명

幼

幼兒(유아)
幼年(유년)
幼稚園(유치원)
長幼有序(장유유서)

 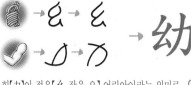

韓國	中國	日本	英語
幼	幼	幼	幼
어릴 유	yòu [여우]	よう [요오]	young

힘【力】이 적은【幺 작을 요】 어린아이라는 의미로, **어리다** · 작다라는 뜻의 글자

쓰기: 幼 幼 幼

柔

懷柔(회유)
柔軟(유연)
外柔內剛(외유내강)
優柔不斷(우유부단)

韓國	中國	日本	英語
柔	柔	柔	柔
부드러울 유	róu [러우]	じゅう [쥬우]	soft

창【矛】보다는 창 자루【木】가 부드럽고 탄력성이 있다는 의미로, **부드럽다** · 약하다라는 뜻의 글자

쓰기: 柔 柔 柔

已

已甚(이심)
不得已(부득이)
已往之事(이왕지사)

韓國	中國	日本	英語
已	已	已	已
이미/벌써 이	yǐ [이]	い [이]	already

뱀【巳】을 칼로 이미 베어 끊었다【已】는 데서 **이미** · 벌써 · 중지하다라는 뜻의 글자
＊참고: '以'와 같은 뜻으로 쓰인다.

쓰기: 已 已 已

忍

忍耐(인내)
殘忍(잔인)
容忍(용인)
目不忍見(목불인견)

 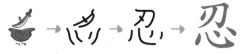  

韓國	中國	日本	英語
忍	忍	忍	忍
참을 인	rěn [런]	にん [닌]	patient

마음【心】을 칼날【刃】 간수하듯 두려워하면서 참는다는 의미로,
참다 · 잔인 · 용서하다라는 뜻의 글자

중3급 8회

慈

慈悲(자비)
慈愛(자애)
仁慈(인자)
慈善(자선)
無慈悲(무자비)

     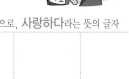

韓國	中國	日本	英語
慈	慈	慈	慈
사랑 자	cí [츠]	じ [지]	love

가물【玄】 가물【玄】 보이지 않는 곳까지 살펴주는 사랑하는 마음【心】으로, **사랑하다**라는 뜻의 글자

쓰기: 慈 慈 慈

정자(획순)	활용 단어	유래 과정·설명

栽

栽培(재배)
植栽(식재)
盆栽(분재)

韓國	中國	日本	英語
栽	栽	栽	栽
심을 재	zāi [짜이]	さい [사이]	plant

나무【木】를 심을 때는 흙【土】으로 북돋우기도 하고 가지를 잘라【戈】주기도 한다는 의미로,
심다라는 뜻의 글자

쓰기 栽 栽 栽

著

著書(저서)
著述(저술)
著者(저자)
編著(편저)

韓國	中國	日本	英語
著	著	著	著
나타날 저	zhù [쥬]	ちょ [쵸]	appear

풀 초【艹】와 사람 자【者】가 합쳐진 글자로, 대나무로 만든 것에 글을 적었다는 의미로,
나타내다 · 드러나다라는 뜻의 글자 ＊참고: 竹이 艹로 변한 것이다.

쓰기 著 著 著

井

油井(유정)
井華水(정화수)
臨渴掘井(임갈굴정)

韓國	中國	日本	英語
井	井	井	井
우물 정	jǐng [징]	せい [세이]	well

우물의 난간. 우물의 귀틀 모양으로, **우물**이라는 뜻의 글자

쓰기 井 井 井

頂

頂上(정상)
絕頂(절정)
登頂(등정)
頂點(정점)

韓國	中國	日本	英語
頂	頂	頂	頂
정수리/꼭대기 정	dǐng [딩]	ちょう [쵸오]	head

사람의 머리【頁】위에 가장 오똑한【丁다 자라서 구부러진 모양】곳으로,
머리 꼭대기 · 이마라는 뜻의 글자 ＊다른 뜻: 정수리 정

 중급 9회

쓰기 頂 頂 頂

淨

淨潔(정결)
淨化槽(정화조)
淨水器(정수기)
西方淨土(서방정토)

韓國	中國	日本	英語
淨	浄	浄	浄
깨끗할 정	jìng [찡]	じょう [죠오]	clean

더러운 물【氵】도 깨끗한 물과 섞여 다투면서【爭】흐르게 되면 깨끗해진다는 의미로,
깨끗하다라는 뜻의 글자

쓰기 淨 淨 淨

정자(획순)	활용 단어	유래 과정·설명

諸

諸侯(제후)
諸君(제군)
諸般(제반)
諸元(제원)

여러 사람【者】이 모이면 모두가 말【言】을 잘한다는 의미로, 온갖·여러·**모두**이라는 뜻의 글자

韓國	中國	日本	英語	쓰기	諸	諸	諸
諸	诸	諸	諸				
모두 제	zhū [쭈]	しょ [쇼]	all				

兆

凶兆(흉조)
徵兆(징조)
前兆(전조)
億兆蒼生(억조창생)

고대에는 거북을 태워 그 갈라진 모양을 보고 길흉을 점쳤는데, 그 갈라진 금이 수 없이 많다는 의미로, **조**를 뜻하는 글자

韓國	中國	日本	英語	쓰기	兆	兆	兆
兆	兆	兆	兆				
억조/조 조	zhào [짜오]	ちょう [쵸오]	trillion				

宙

宇宙(우주)
宇宙船(우주선)
宇宙人(우주인)

만물이 죽고 사는 것을 반복하는 하늘을 지붕【宀】이라는 의미로, **집**을 뜻하는 글자

韓國	中國	日本	英語	쓰기	宙	宙	宙
宙	宙	宙	宙				
집 주	zhòu [쩌우]	ちゅう [츄우]	house				

枝

接枝(접지)
剪枝(전지)
枝炭(지탄)
金枝玉葉(금지옥엽)

나무【木】의 줄기에서 맨 처음으로 갈라져【支】 나간 나뭇가지라는 의미로, **가지**·흩어지다라는 뜻의 글자

韓國	中國	日本	英語	쓰기	枝	枝	枝
枝	枝	枝	枝				
가지 지	zhī [즈]	し [시]	branch				

준3급
10회

執

執權(집권)
固執(고집)
執着(집착)
執行(집행)

수갑【幸은 변형】을 차고 무릎을 꿇고【丸】 앉은 사람을 본뜬 글자로, **잡다**·가지다·지키다라는 뜻의 글자

韓國	中國	日本	英語	쓰기	執	執	執
執	执	執	執				
잡을 집	zhí [즈]	しつ [시쯔]	catch				

정자(획순)	활용 단어	유래 과정·설명

借

借名(차명)
借用(차용)
貸借(대차)
借款(차관)
租借(조차)

옛날【昔】에 땅이 없을 때는 다른 사람【亻】에게 **빌리다·빌려주다·돕다**라는 뜻의 글자

韓國	中國	日本	英語
借	借	借	借
빌/빌릴 차	jiè [찌에]	しゃく [샤쿠]	rend

쓰기 借 借 借

菜

菜蔬(채소)
野菜(야채)
菜食(채식)
生菜(생채)

초목【艹】에서 채취【采 캘 채】할 수 있는 잎 종류를 나타내는 의미로,
나물·채소·반찬이라는 뜻의 글자 *참고: 菜(채)는 잎, 蔬(소)는 뿌리

韓國	中國	日本	英語
菜	菜	菜	菜
나물 채	cài [차이]	さい [사이]	vegetable

쓰기 菜 菜 菜

妻

妻家(처가)
疑妻症(의처증)
糟糠之妻(조강지처)
賢母良妻(현모양처)

여자【女】가 비녀를 꽂고 다소곳이 앉은 모양으로, **아내**를 뜻하는 글자
*또 '시집보내다'의 뜻도 있다.

韓國	中國	日本	英語
妻	妻	妻	妻
아내 처	qī [치]	さい [사이]	wife

쓰기 妻 妻 妻

尺

縮尺(축척)
尺度(척도)
越尺(월척)
三尺童子(삼척동자)

사람의 손【尸】으로 길이를 재는 모양으로, **자**(길이의 단위)·**법도·가깝다**라는 뜻의 글자

韓國	中國	日本	英語
尺	尺	尺	尺
자 척	chǐ [츠]	しゃく [샤쿠]	ruler

쓰기 尺 尺 尺

淺

淺薄(천박)
日淺(일천)
淺聞(천문)
淺識(천식)

창 과【戈】와 물 수【氵】가 합쳐진 글자로, 물속의 창들이 보일 정도로 물이 **얕다**라는 뜻의 글자

韓國	中國	日本	英語
淺	浅	浅	淺
얕을 천	qiǎn [치엔]	せん [센]	shallow

쓰기 淺 淺 淺

정자(획순)	활용 단어	유래 과정·설명

追

追擊(추격)
追慕(추모)
追憶(추억)
追從(추종)

韓國	中國	日本	英語
追	追	追	追
쫓을/따를 추	zhuī [쭈에이]	つい [츠이]	follow

언덕【阜】에 숨은 자를 쫓아가다【辶】라는 의미로, 뒤를 쫓다·섬기다·따르다·내몰다라는 뜻의 글자

쓰기: 追 追 追

吹

吹入(취입)
鼓吹(고취)
吹打(취타)

韓國	中國	日本	英語
吹	吹	吹	吹
불 취	chuī [추에이]	すい [스이]	blow

입【口】을 벌려 후~하고 기운을 빼낸다【欠】는 의미로, 입으로 불다라는 뜻의 글자

쓰기: 吹 吹 吹

泰

泰然(태연)
泰平(태평)
泰然自若(태연자약)
國泰民安(국태민안)

韓國	中國	日本	英語
泰	泰	泰	泰
클 태	tài [타이]	たい [다이]	big

큰【大】 물【水】의 피해를 손으로 막아내야 태평이 온다는 의미로, 크다·편안하다·몹시라는 뜻의 글자

쓰기: 泰 泰 泰

片

片道(편도)
片鱗(편린)
斷片(단편)
破片(파편)
片紙(편지)

韓國	中國	日本	英語
片	片	片	片
조각 편	piàn [피엔]	へん [헨]	piece

가지가 붙은 통나무를 반【半】으로 쪼갠 모양으로, 조각·작다라는 뜻의 글자

쓰기: 片 片 片

皮

皮革(피혁)
皮膚(피부)
桂皮(계피)
鐵面皮(철면피)

韓國	中國	日本	英語
皮	皮	皮	皮
가죽 피	pí [피]	ひ [히]	feather

손【又】에 칼【丨】을 쥐고 짐승의 가죽【厂】을 벗기는 모양으로, 가죽·살갗·껍질이라는 뜻의 글자

쓰기: 皮 皮 皮

정자(획순)	활용 단어	유래 과정·설명

彼

彼我(피아)
彼此(피차)
於此彼(어차피)
彼此一般(피차일반)

韓國	中國	日本	英語
彼	彼	彼	彼
저/저쪽 피	bǐ [비]	ひ [히]	there

十 →彳→彳
→皮→皮 → 彼

쓸모 있는 살은 이곳[此]에 두고 쓸모없는 가죽[皮]은 저쪽으로 보낸다[彳]는 의미로,
저·저것이라는 뜻의 글자

쓰기 彼 彼 彼

何

何等(하등)
誰何(수하)
何時(하시)
何必(하필)

韓國	中國	日本	英語
何	何	何	何
어찌 하	hé [흐어]	か [카]	how

人 →人→丿亻
→何→可 → 何

사람[亻] 숨이 참[可는 숨이 가까스로 나오는 모양]으로, 왜? 그럴까? **어찌**, 무엇을 뜻하는 글자

쓰기 何 何 何

賀

賀客(하객)
致賀(치하)
慶賀(경하)
年賀狀(연하장)

韓國	中國	日本	英語
賀	賀	賀	賀
하례할 하	hè [흐어]	が [가]	congratulate

→加→加
→貝→貝 → 賀

좋은 일에 재물[貝] 보태준다[加]는 의미로, **하례하다**·축하해주라는 뜻의 글자 ＊다른 뜻: 위로할 하

쓰기 賀 賀 賀

虎

白虎(백호)
虎皮(호피)
虎視耽耽(호시탐탐)
龍虎相搏(용호상박)

韓國	中國	日本	英語
虎	虎	虎	虎
범 호	hǔ [후]	こ [코]	tiger

→虎→虎/虍 → 虎

호랑이가 입을 크게 벌리고 부르짖는 모양으로, **범**·용맹스럽다라는 뜻의 글자

쓰기 虎 虎 虎

皇

皇帝(황제)
教皇(교황)
皇女(황녀)
天皇(천황)

韓國	中國	日本	英語
皇	皇	皇	皇
임금 황	huáng [후앙]	こう [코오]	king

→白→白
→王→王 → 皇

햇빛[白]에 빛나는 큰 도끼[王]를 가진 사람을 뜻하는 의미로,
태양의 아들로서 인간을 다스리는 **임금**·황제를 뜻하는 글자

쓰기 皇 皇 皇

정자(획순)	활용 단어	유래 과정·설명

	胸部(흉부)
胸	胸中(흉중)
	胸圍(흉위)
	胸像(흉상)
	胸襟(흉금)

→ 朐 → 胸 → 胸

간·심장·폐를 살【月=肉】과 갈비뼈로 감싸【勹】 감추고【凶】 있는 의미로, 가슴·앞·요충지라는 뜻의 글자

韓國	中國	日本	英語	쓰기	胸 胸 胸
胸	胸	胸	胸		
가슴 흉	xiōng [시옹]	きょう [쿄오]	breast		

3級 급수漢字에서 빠진 한자(303字)

아이한자(www.ihanja.com) 홈페이지 온라인 365한자(8~1급) 참조

정자(획순)	활용 단어	유래 과정 · 설명

皆

皆勤(개근)
擧皆(거개)
皆旣日蝕(개기일식)

모든 사람【比】이 늘어서서 같은 말【白 말하다】을 다 같이 한다는 의미로,
모두 · 전부 · 함께라는 뜻의 글자

韓國	中國	日本	英語	쓰기
皆	皆	皆	皆	皆 皆 皆

다/모두 개	jiē [지에]	かい [가이]	everything

忙

奔忙(분망)
忙中閑(망중한)
公私多忙(공사다망)

중요한 일을 잊어버릴【亡】 정도로 마음【忄】이 바빠 정신이 없다는 의미로,
바쁘다 · 일이 많다라는 뜻의 글자

韓國	中國	日本	英語	쓰기
忙	忙	忙	忙	忙 忙 忙

바쁠 망	máng [망]	ぼう [보오]	busy

忘

忘却(망각)
健忘症(건망증)
忘年會(망년회)
刻骨難忘(각골난망)

마음【心】속에 간직하고 있던 것을 잃어【亡】버렸다는 의미로,
잊다 · 다하다 · 없애버리다라는 뜻의 글자

韓國	中國	日本	英語	쓰기
忘	忘	忘	忘	忘 忘 忘

잊을 망	wàng [왕]	ぼう [보오]	forget

暮

暮景(모경)
暮秋(모추)
朝三暮四(조삼모사)
朝令暮改(조령모개)

해【日】가 없어졌다【莫】는 의미로, **저문다**라는 뜻의 글자
* 莫이 본래의 글자인데, '없다'로 쓰이므로 日을 더하여 뜻을 확실히 함

韓國	中國	日本	英語	쓰기
暮	暮	暮	暮	暮 暮 暮

저물 모	mù [무]	ぼ [보]	get dark

暑

避暑(피서)
處暑(처서)
大暑(대서)
避暑地(피서지)

해【日】가 장작불【者는 타는 장작불 모양】같이 이글거려 **덥다 · 더운 · 기운 · 열기**라는 뜻의 글자

韓國	中國	日本	英語	쓰기
暑	暑	暑	暑	暑 暑 暑

더울 서	shǔ [슈]	しょ [쇼]	hot, heat

정자(획순)	활용 단어	유래 과정·설명

昔(⑧)

昔年(석년)
昔歲(석세)
昔日(석일)
今昔之感(금석지감)

 → ᗱ → 苦 → 昔

풀【艹】이 난 땅【一】 아래로 해【日】가 넘어가는 모양으로, 옛날·오래다라는 뜻의 글자

韓國	中國	日本	英語
昔	昔	昔	昔
예/옛 석	xī [시]	せき [세끼]	old

쓰기: 昔 昔 昔

須(⑪⑫⑬)

須臾(수유)
須留(수류)
必須(필수)

머리【頁】 털【彡】이 자라 빛나는 수염을 뜻하는 글자로, 가차되어 모름지기·기다리다·잠깐이라는 뜻의 글자 *다른 뜻: 수염 수

韓國	中國	日本	英語
須	须	須	須
모름지기 수	xū [쉬]	しゅ [슈]	first

쓰기: 須 須 須

誰

誰何(수하)
誰某(수모)
誰怨誰咎(수원수구)

새【隹】가 하는 말【言】을 누가 알아들으랴?라는 의미에서 누구라는 뜻의 글자 *'무엇', '묻다' 또 발어사로 쓰인다.

韓國	中國	日本	英語
誰	谁	誰	誰
누구 수	shéi [셰이]	すい [스이]	who

쓰기: 誰 誰 誰

辛(⑥⑦)

辛苦(신고)
香辛料(향신료)
千辛萬苦(천신만고)

고대에 죄인의 이마에 문신을 하던 도구의 모양으로, 형벌을 당할 때 고생스럽다·맵다라는 뜻의 글자

韓國	中國	日本	英語
辛	辛	辛	辛
매울 신	xīn [신]	しん [신]	hot

쓰기: 辛 辛 辛

又(②)

部首와 조사(助詞)로만 쓰이고 한자어는 없다.

세 손가락과 오른쪽 손목을 그린 모양인데, 왼손이 또 있다 하여 또·오른손이라는 뜻의 글자

韓國	中國	日本	英語
又	又	又	又
또/다시 우	yòu [여우]	また [마타]	again

쓰기: 又 又 又

3급 2회

정자(획순)	활용 단어	유래 과정·설명

泣

泣訴(읍소)
泣諫(읍간)
泣斬馬謖(읍참마속)

韓國	中國	日本	英語
泣	泣	泣	泣
울 읍	qì [치]	きゅう [큐우]	cry

서서【立】 눈물【氵】만 흘리면서 흐느끼는 울음으로, 운다라는 뜻의 글자
*哭(울 곡)은 소리 내어 우는 것

쓰기 泣 泣 泣

晴

快晴(쾌청)
晴雨(청우)
晴天白日(청천백일
=靑天白日)

韓國	中國	日本	英語
晴	晴	晴	晴
갤/맑을 청	qíng [칭]	せい [세이]	clear

하늘이 푸르면【靑】 햇살【日】이 맑게 보이는 뜻으로, 개다·맑다라는 뜻의 글자

쓰기 晴 晴 晴

貝

貝物(패물)

韓國	中國	日本	英語
貝	贝	貝	貝
조개 패	bèi [뻬이]	ばい [바이]	shell

물에 사는 조가비【貝】 모양을 그린 것으로, 조개라는 뜻의 글자
*옛날에는 조개껍데기를 화폐로 썼기 때문에, '貝'는 주로 돈과 관계되는 部首字로 쓰인다.

쓰기 貝 貝 貝

抱

抱負(포부)
懷抱(회포)
抱擁(포옹)
抱腹絕倒(포복절도)

韓國	中國	日本	英語
抱	抱	抱	抱
안을 포	bào [빠오]	ほう [호오]	hug

손【扌】으로 물건을 둘러싸서【包】 가슴에 안는다라는 뜻의 글자

쓰기 抱 抱 抱

찾아보기

韓·中·日 共同常用 漢字 808字

2013년 7월 8일 韓·中·日 3국 공통의 상용한자 800字가 선정·발표되었다.

이후 2013년 10월 22일부터 24일까지 중국 소주(蘇州)의 중국 인민대학에서 열린 '韓·中·日 共同常用漢字 800字 심의회'에서 공동상용한자 808字가 최종 확정되었다.

* 참고: 기존 800字 중에서 21字가 빠지고, 8字가 추가되어 總 29字가 새로 이 선정되어 808字가 최종 결정

본래는 유니코드의 순서로 배열(配列)되었으나 독자(讀者)의 편의(便宜)를 위하여 가나다순(順)으로 재배열하였습니다.
(전국한자교육추진총연합회 편집실 제공)

가나다順	한자	훈·음	페이지	가나다順	한자	훈·음	페이지	가나다順	한자	훈·음	페이지
1	件	물건 건	113	13	類	무리 류	114	25	院	집 원	116
2	健	굳셀 건	113	14	李	오얏/성 리	75	26	邑	고을 읍	44
3	格	격식 격	113	15	朴	성 박	75	27	任	맡길 임	116
4	具	갖출 구	113	16	班	나눌 반	75	28	災	재앙 재	116
5	郡	고을 군	75	17	倍	곱 배	114	29	切	끊을 절	116
6	規	법 규	113	18	費	쓸 비	115	30	操	잡을 조	116
7	級	등급 급	75	19	仕	섬길 사	115	31	州	고을 주	117
8	汽	물 끓는 김 기	114	20	査	조사할 사	115	32	週	주일 주	117
9	旗	기 기	44	21	社	모일 사	76	33	卓	높을 탁	117
10	壇	단 단	114	22	束	묶을 속	115	34	炭	숯 탄	117
11	洞	골/고을 동	44	23	術	재주 술	76	35	板	널 판	117
12	朗	밝을 랑	114	24	曜	빛날 요	115	36	凶	흉할 흉	118

MEMO

MEMO

MEMO

학습 능률을 높여주는
기초 학습서

기초 중국어 배우기
(발음, 기본어휘, 의사소통 등)

만화로 배우는 고사성어
(만화 고사성어, 주제별 고사성어,
속담풀이 등)

급수한자 2급 자격증 바로따기
(중국 간체자 포함)

유래 그림으로
배·우·는

韓中日
共用漢字
808字

급수한자
500字 포함
(8급~5급)

■ 본 교재는 최근 『한중일 공동상용 팔백한자 총표』에 선정된 808자를 정자(한국), 간체자(중국), 약자(일본)와 함께 관련 유래 설명, 유래 과정, 유래 그림, 획순, 따라 쓰기, 한자어, 사자성어, 중국어·일본어·영어 음독풀이 등을 모두 삽입하였다.

■ 본 교재는 우리나라의 『국가공인 전국 한자능력검정시험』에 응시하기 위해 준비하는 독자를 위해서 『한중일 공동상용 팔백한자 총표』에 실린 808字를 한국어문회 기준 각 급수별 한자로 분류하였다.

■ 한중일 공용한자 808자를 가나다순, 또는 쪽수별 찾아보기로 만들어 제공하였다.

대한민국대표한자
아이한자
www.ihanja.com

값 15,000원
13700

9 791188 505159
ISBN 979-11-88505-15-9